This book was inspired from my life here in America, specifically California, and how I want to help teach others how to understand English. My mother and I have collaborated to make this book, full of common English sayings and terms we use on a day to day basis. I hope that with this book, we can share the fascinating language of English to many people and help them along on their journey of learning a new language. Another tool to help you with this book is my YouTube channel, Sophia English Lesson. I will be uploading videos explaining all of the terms in the book in detail and crafting up scenarios in which Americans usually use the sayings. I remember that when I was learning Korean, I had a hard time in many aspects, but I remember that with the help of a little practice, I can now say that I am fluent in Korean. This book will be a huge step for your English skills, and I hope that you have fun with it! Remember to check out Sophia English Lesson on YouTube for extra information, lessons, and scenarios.

이 책은 미국 캘리포니아의 제 일상이 그대로 영어로 담긴 책이에요. 미국에서 가장 많이 쓰는 영어표현을 가장 대화를 많이 나누는 어머니와 함께 모아 봤어요. 제 경우에는 미국에서 생활하기 때문에 한국어를 배울 때가 오히려 힘들었어요. 근데 재미있는 건 따로 한국어를 공부한 기억이 없다는 거예요. 필요한 말을 그때그때 배우면서 말할 수 있게 된 거죠. 여러분도 저처럼 영어를 공부로 하지 말고 영어가 그냥 생활이 되었으면 해요.

책과 함께 제 유튜브 채널 Sophia English를 봐 보세요.
앞으로도 미국의 리얼 영어와 다양한 정보를 생생하게 업로드 할 예정이에요.
그럼 유튜브 채널 Sophia English에서 만나요!

Sophia

Hi, everyone!

미국 캘리포니아에 살고 있는 소피아맘 Amber입니다. 저는 미국에서 소피아를 키우며 영어와 함께 한국말도 동시에 가능한 bilingual 이중 언어에 대해서 많은 연구를 하게 되었습니다. 실제 한국에서 영어를 잘 한다고 생각하지만 미국에 오면 처음 접해 보는 다양한 표현에 누구나 당황을 하게 되는 것 같아요.

제가 미국에서 적응하면서 실제 겪었던 재미있는 에피소드와 10년간의 유학원을 운영하면서 쌓아 놓은 실생활 영어 및 미국 사립, 공립학교 PTA 멤버로 여러 학생 및 부모님, 선생님들과의 교류로 생긴 현실적인 이야기를 새롭게 영어로 풀어보려 합니다.

이 책에 들어있는 미국에서 실제 쓰이는 영어표현을 유튜브 영상과 함께 보면서 아이들과 영어에 재미를 붙여보세요!

Amber 백정미

Everything comes to him who hustles
while he waits.

성공은 열심히 노력하며 기다리는 사람에게 온다. (토마스A. 에디슨)

▶ YouTube Sophia English

소피아 영어(Sophia English)채널입니다.

미국 원어민 영어 회화, 영어 문법, 기초 영어, 영어 꿀팁, 생활 영어 등을 소피아와 함께 쉽게 배워 보세요!

쉬운 영어부터 고급 영어까지! 미국 일상 소개 영상도 사랑해 주세요!

Hi, My name is Sophia; I live in California, and I am a native English speaker.

I record English lessons for foreign speakers, and I also make Fun videos. (DIY, cooking, Vlogs, reviews, mukbang...) Hopefully, you enjoy all of my videos whether they are educational or just for fun.

Please subscribe if you're new to the channel and join in the fun!

▶ 유튜브 소피아 영어 무료 강의 보는 법

① 유튜브에 소피아 잉글리쉬 검색 후 클릭

② 재생 목록 클릭

③ 소피아와 엠버의 미국영어

▶ 소피아와 엠버의 미국영어 원어민처럼 말하기 3단계

1단계	2단계	3단계
동영상을 틈틈이	**책을 옆에 끼고**	**매일 10분 MP3를**
유튜브 소피아 영어 동영상을 아침 저녁 틈틈이 본다.	책으로 문장을 이해하고 외울 때까지 반복해서 외운다.	MP3(한국어-영어) 파일을 다운로드하여 매일 자기 전이나 일어났을 때 듣는다.

미국 원어민이 쓰는 영어를
쉽게 배워 봐요!

+ CONTENTS

06 식당

07 놀이

08 야외 놀이

09 운동

10 미술

+ CONTENTS

11 공부

12 훈육

13 감정표현

14 집안일 하기

15 외출

16 교통

17 쇼핑

18 유용한 표현들

아침시간 영어표현

01 아침

빨리빨리!

Morning

01-1 기상
01-2 아침 인사
01-3 꿈, 잠버릇
01-4 애정표현
01-5 늦었을 때

Speed it up!

You Tube

Sophia English

Wake up!

일어나!	**Wake up!**
	일어나

• wake up 깨다, 깨어나다

요런 잠꾸러기.	**You, sleepy head.**
	이　　　잠꾸러기

• sleepy head 잠꾸러기

아침이야.	**It's morning.**
	아침이야

일어날 시간이야.	**Time to get up.**
	시간이야　　일어날

일어나기 싫어요.	**I don't want to get up.**
	나 안　　　원해　　일어나는 것을

안 일어나면 간질간질 한다.	**I'll tickle you if you don't wake up.**
	난 간지럽힐 거야　널　　만약 네가　안　　일어나면

• tickle 간지럽히다

서둘러, 안 그럼 늦어.	**Hurry up, or you will be late.**
	서둘러　　　　　아니면 넌　　거야　늦을

• hurry up 서두르다

아직도 졸려?

Are you still sleepy?

넌 아직 졸리니?

눈을 못 뜨겠어?

Can't you open your eyes?

없니? 너는 뜰 수 너의 눈을

아직 졸린 거 같네.

You still look sleepy.

넌 아직 보여 졸려

조금 피곤해
보이는구나.

You look a little tired.

넌 보여 조금 피곤해

아직 졸려요.

I'm still sleepy.

난 아직 졸려

조금 더 자도 돼요?

Can I sleep a little more?

돼? 내가 자도 조금 더

엄마, 나
일어났어요.

I'm awake, Mommy.

나는 깼어 엄마 * awake 깨어 있는

벌써 일어났어?

Are you already awake?

너 벌써 깼니?

아침 인사
Good morning.

우리 귀염둥이, 좋은 아침.	**Good morning, sweetheart.** 좋은　　아침　　애야 • sweetheart 애정을 담은 호칭
안녕히 주무셨어요?	**Good morning.** 좋은　　아침
잘 잤어?	**Did you sleep well?** 넌　잤니?　잘 • sleep 자다 (sleep–slept–slept)
네, 잘 잤어요.	**Yes, I slept well.** 응　나 잤어　잘
기분이 어때?	**How do you feel?** 어떻게　넌　느껴?
좋아요. / 괜찮아요.	**I feel good/fine.** 난 느껴　좋게/괜찮게
너무 귀여워 보이네.	**You look so cute.** 너　보여　너무 귀엽게 • cute 귀여운

얼굴 좀 보자.	**Look at you.**

보자　너를

• look at ~을 보다

눈꺼풀이 부었네.	**Your eyelids are swollen.**

네　눈꺼풀이　부었어

• eyelid 눈꺼풀 | swollen 부은

눈곱 꼈네.	**You've got sleep in your eyes.**

넌　갖고 있어　눈곱을　에 네　눈

• sleep 눈곱

내가 떼 줄게.	**Let me wipe it off.**

해 줘　내가　떼게　그것을

• wipe off ~을 떼다, 없애다

* let me 뒤에 동사 원형이 오면 '내가 ~하게 해 줘', '내가 ~할게'라는 뜻이 됩니다. 상대방에 대한 존중의 의미가 들어있는 표현이에요.

제가 볼래요. 거울 주세요.	**Let me see that. Give me the mirror.**

해 줘　내가　보게　그걸　줘　내게　거울을

• mirror 거울

안 떼도 돼.	**You don't need to wipe it off.**

넌　없어　필요가　뗄　그것을

세수해. 그럼 떨어져.	**Wash your face and it will come off.**

씻어　네　얼굴을　그럼　그게 거야　떨어질

• come off ~에서 떨어져 나오다

정신 차리고 아침 먹자.	**Wake up and let's have breakfast.**

잠 깨라　그리고　하자　먹기를　아침(밥)

• have 먹다

나 꿈을 꿨어요.	**I dreamed a dream.**	
	나 꿨어 　　　　　 꿈을	• dream 꿈을 꾸다, 꿈

좋은 꿈 꿨니?	**Did you have a nice dream?**
	너 　　 꿨니? 　　 좋은 　　 꿈을

무슨 꿈이었는데?	**What was your dream about?**
	무엇에 　　　　 너의 　　 꿈이 　　　　 관한 거였니?

꿈에 용이 나왔어요.	**A dragon was in my dream.**	
	용이 　　　　 나왔어 에 내 꿈	• dragon 용

우와, 멋진 꿈 같은데!	**Wow, that sounds cool!**
	야 　　 그거 　 들려 　　　 멋지게

(하늘을) 나는 꿈을 꿨어요.	**I flew in my dream.**	
	난 날았어 에서 내 꿈	• fly 날다 (fly–flew–flown)

* 영어로는 in the sky라고 굳이 쓰지 않아도 당연히 하늘을 난다고 이해해요.

악몽을 꿨어요.	**I had a nightmare.**	
	난 꿨어 　　 악몽을	• nightmare 악몽

정말 무서웠어요. It was really scary.

그건 정말 무서웠어

* scary 무서운

큰 괴물이 나왔어요. There was a big monster.

있었어 큰 괴물이

생각하고 싶지 않아요. I don't want to think about it.

난 안 원해 생각하기를 관해 그것에

무서워하지 마. 그냥 꿈인걸. Don't be scared. It was just a dream.

마 겁내지 그건 그냥 꿈이었어

* scared 무서워하는

너 어젯밤에 코 골았어. You snored last night.

넌 코 골았어 어젯밤에

* snore 코 골다

뒤척거리더라. You were tossing and turning.

넌 뒤척이고 있었어

* toss and turn 뒤척이다

너 침대에서 거의 떨어질 뻔했어. You almost fell off the bed.

넌 거의 떨어졌어 침대에서

* fall off ~에서 떨어지다

무슨 일이 있었니? What happened?

뭐가 일어났니?

엄마한테 와.

Come to Mommy.

와   한테 엄마

오, 우리 사랑스런 귀염둥이.

Oh, sweetheart. / Oh, honey.

오   귀염둥이   오   아기야

• sweetheart/honey
사랑하는 사람을 부르는 애칭

뽀뽀해 줘.

Give me a kiss.

해 줘   내게   뽀뽀를

* '뽀뽀하다', '안다'라는 뜻의 단어 kiss, hug가 있지만 give ~ a kiss, give ~ a hug처럼 말하는 경우도 많아요.

꼭 안아 줘.

Give me a big hug.

해 줘   내게   큰   포옹을

• hug 포옹, 안다

업어 주세요.

Give me a piggy-back ride.

해 줘   내게   어부바를

• piggy-back ride 어부바

기지개 켜자.

Let's stretch.

하자   기지개 켜기를

• stretch 기지개를 켜다, 쭉쭉이하다

팔을 쭉쭉 펴 봐.

Stretch your arms.

쭉 펴   네   팔을

다리를 쭉 펴면 키가 커질 거야.	**Stretch your legs, so you can grow.** 쭉 펴 네 다리를 그러면 넌 있어 클 수
기지개 켜는 거 좋아요.	**I like stretching.** 난 좋아 기지개 켜는 게
간지럼 태울 거야.	**I'll tickle you.** 난 간지럽힐 거야 너를
간질간질!	**Tickle, tickle!** 간질 간질
간지러워요!	**I'm so ticklish!** 난 너무 간지러워 *ticklish 간지러운
안 돼요! 그만해요! 하하하!	**No! Stop! Haha!** 안 돼 멈춰 하하

▶ **라스베이거스에서 호텔 예약하기**
Hotel Reservation at Las Vegas

미국 여행 갔을 때 꼭 필요한 호텔 예약 영어표현을 소개할게요!
소피아랑 라스베이거스 LIVE영상으로 지금 바로 출발!

늘었을 때
Hurry up.

늦었어.	**You're late.** 년　　늦었어
서둘러.	**Hurry up.** 서둘러
가자!	**Let's go!** 하자　　가기를
빨리빨리.	**Speed it up.** 속도를 더 내

• speed up 속도를 더 내다

학교 가야지.	**You have to go to school.** 년　　돼　　가야　학교로

* 유치원은 pre-school이지만 교육기관을 말할 때 school이라고 통칭합니다.

버스 놓치겠어.	**We will miss the bus.** 우린　거야　놓칠　버스를

• miss 놓치다

서두르지 마.	**Don't rush.** 마　　서두르지

천천히 해.

Take your time.

가져   너의   시간을

• take one's time 천천히 하다

가서 세수해.

Go wash your face.

가서   씻어   너의   얼굴을

학교 갈 준비해라!

Get ready for school!

해   준비를   학교 갈

• get ready for ~할 준비를 하다

네, 그럴게요.

Okay, I will.

좋아   난 그럴게

가방 챙겼어?

Did you bring your backpack?

너는   가져왔어?   너의 가방을

잠깐만요.

A moment.

잠깐만

• moment 순간, 잠시

제가 알아서 하고 있어요.

I'm taking care of myself.

난 돌보고 있어   나 스스로를

• take care of ~을 돌보다, ~을 (책임지고) 맡다

기다려요.

Wait.

기다려.

잠잘 때 영어표현

02 잠자리

잘 시간이야.

Bed Time

It's time for bed.

You Tube

Sophia English

It's time for bed.

| 자러 가자. | **Let's go to bed.** |
| | 하자　가기를 로　침대 |

* go to bed 자다

| 잘 시간이야. | **It's time for bed.** |
| | 시간이야　잠 잘 |

* It's time for ~할 시간이다

| 졸리니? | **Are you sleepy?** |
| | 넌　졸리니? |

| 엄마, 졸려요. | **I'm sleepy, Mommy.** |
| | 난 졸려　엄마 |

| 나 정말 피곤해요. | **I'm really tired.** |
| | 난　정말　피곤해 |

| 아직 안 졸려요. | **I'm not sleepy yet.** |
| | 난　안　졸려　아직 |

| 자기 싫어요. | **I don't want to sleep.** |
| | 난 안　원해　자기를 |

5분만 더요.	**Five more minutes.**	
	5　　　더　　　분	• minute 분

자기 전에 화장실 갔다 와.	**Go to the restroom before you go to bed.**	
	가　에　화장실　　　전에　　네가　가기　로　침대	• restroom 화장실

양치했어?	**Did you brush your teeth?**	
	넌　　닦았니?　너의　　이를	• teeth tooth(이)의 복수형

세수했어?	**Did you wash your face?**	
	넌　　씻었니?　너의　　얼굴을	

잠옷 입어.	**Put your pajamas on.**	
	입어　네　　잠옷을	• put on ~을 입다

내가 제일 좋아하는 잠옷 어딨어요?	**Where are my favorite pajamas?**	
	어디에　　있어?　나의　제일 좋아하는　잠옷이	• favorite 가장 좋아하는

옷 갈아입기 싫어요.	**I don't wanna change my clothes.**	
	난 안　　원해　　갈아입기를　내　옷	

그냥 지금 자면 안 돼요?	**Can't I just sleep now?**	
	안 돼?　내가 그냥　자면　지금	

Read this book for me.

책 읽어 줄까?

Do you want me to read you a book?
넌 　원하니? 　내가 　읽어 주기를 　너에게 　책을

무슨 책이 좋아?

Which book do you want?
어느 　책을 　넌 　원해?

어떤 이야기가
좋을까?

What story would be good?
어떤 　이야기가 　좋겠니?

이거 어때?

How about this one?
어때? 　　이것은

* How about ~?은 '~은 어때?'라는 뜻으로 뭔가를 제안하거나 권유할 때 쓸 수 있는 표현이에요.

'눈사람 아저씨'
읽어 줄게.

I'll read you *The Snowman*.
내가 읽어 줄게 　너에게 　'눈사람 아저씨'를

그 다음엔 무슨
일이 벌어질까?

What will happen next?
무엇이 　일어날까? 　　다음에

나 이 책
읽어 주세요.

Read this book for me.
읽어 　이 　책을 　위해 　나를

나 이 이야기가 좋아요.

I like this story.
난 좋아해　이　　이야기를

이제 그만 읽자.

Let's stop reading now.
하자　　　멈추기를　읽는 것을　　　지금

계속 읽어요.

Keep reading.
계속해서　　읽어

• keep ~ing ~을 계속하다, 반복하다

이거 정말 웃겨요!

This is so funny!
이건　　　정말　웃겨

• funny 웃긴, 우스운

또 읽어 주세요.

Read it again.
읽어　　그것을 다시

한 권 더 읽어 주세요.

Read one more book for me.
읽어　　한　　더　　책　　　위해　나를

소피아의 영어 동화책 읽기!♡꼬마생쥐 메이지 팝업북
English Reading Picture Books
Maisy goes to the playground

귀여운 꼬마생쥐 메이지의 이야기를 함께 읽어 봐요.

베개 베야지.

Lay your head on the pillow.
놓아　네　머리를　위에　베개

• lay 놓다, 두다 | pillow 베개

이불 덮어.

Cover yourself with the blanket.
덮어　너 자신을　로　담요

• blanket 담요

이불 덮어 줄게.

Let me tuck you in.
해 줘　내가　이불을 덮어 주게 너에게

• tuck ~ in ~에게 이불을 잘 덮어 주다

나 혼자 잘 수 있어요.

I can sleep by myself.
난 있어　잘 수　혼자

• by myself 혼자

엄마랑 자고 싶어요.

I'd like to sleep with you, Mommy.
난 싶어　자고　과　당신　엄마

혼자 자기 싫어요.

I don't want to sleep alone.
난 안　원해　자기를　혼자서

엄마랑 같이 자도 돼요?

Can I sleep with you?
돼?　내가 자도　과　당신

그래. 엄마가
재워 줄게.

Okay. I'll put you to bed.

그래   내가 재울게   너를

• put ~ to bed ~를 재우다

네 방에서
자는 게 어때?

Why don't you sleep in your room?

어떠니?   너는   자는 게   에서 네   방

* Why don't you/we ~는 '하는 게 어때?'라는 뜻으로 뭔가를 제안할 때 쓰는 표현입니다.

안 돼요,
무서워요.

No, I'm scared.

아냐   난 무서워

오늘 밤만 같이
자 주세요.

Please sleep with me just for tonight.

주세요   자   와   나   단지   동안   오늘 밤

알았어. 걱정 마.

All right. Don't worry.

좋아   마   걱정하지

같이 잘게.

I'll sleep with you.

난 잘게   와   너

이제 말 그만하고
자야지.

Hush now and go to sleep.

조용히 해   이제   그리고   잠들어

• hush 조용히 해

불 끈다.

I'm turning the light off.

난 끄고 있어　　　　불을　　　　　　　　　　　　　　• turn off (불을) 끄다

난 어두운 게 무서워요.

I'm scared of the dark.

난 무서워　　　　어둠이　　　　　　　　　　　　　　• dark 어둠, 캄캄함

불을 켜 두세요.

Keep the light on.

계속　　　불을　　　켜　　　　　　• keep (계속) ~하게 하다 I on 켜져 있는

불 다 끄지 마세요.

Don't turn all the lights off.

마　　　끄지　　모든　불을

야간등 켜 둘게.

I'll keep the night light on.

난 둘게　　　야간등이　　　　켜 있게

문 열어 둘게.

I'll keep the door open.

난 둘게　　　문이　　　　열려 있게

불 다시 켜 봐.

Turn the light on again.

켜　　불을　　　　다시　　　　　　　• turn on (불을) 켜다

목말라요.

I'm thirsty.

난 목말라　　　　　　　　　　　　　　• thirsty 목이 마른

| 물 좀 갖다 줄 수 있어요? | **Can you get me some water?** |
| | 있어? 당신은 갖다 줄 수 나에게 좀 물을 |

| 물 갖다 줄게. | **Let me bring you some water.** |
| | 해 줘 내가 가져오게 너에게 좀 물을 • bring 가져오다 |

| 물 좀 마시고 와. | **Go drink some water.** |
| | 가서 마셔 약간의 물을 |

| 이제 다시 자자. | **Now let's go back to sleep.** |
| | 이제 하자 시작하기를 잠자기 • go back to ~을 다시 시작하다 |

 소피아 ♡ 미국학생 책가방 공개
What's IN MY School Backpack?

미국에 사는 소피아의 책가방 공개할게요!
가방 안에 뭐가 들어 있는지 궁금하지 않으세요?

Want me to sing lullabies?

엄마, 노래 불러 줘요.	**Sing me something, Mommy.**
	노래해 줘 나에게 무언가를 엄마

자장가 불러 줄까?	**Want me to sing lullabies?**
	원하니? 내가 노래하기를 자장가

• lullabies 자장가

자장자장 우리 아가.	**Sleep, sleep, sleep my darling.**
	자장 자장 자장 내 사랑

• darling 사랑하는 사람

많이 많이 사랑해.	**I love you so much.**
	난 사랑해 널 정말 많이

엄마, 나도요.	**So do I, Mommy.**
	역시 그래 나도 엄마

* So do I.는 '나도 그렇게 생각해, 동감이야.'라는 뜻을 나타내요.

Good *night*.

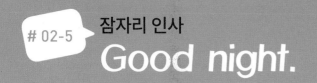

눈 감아.

Close your eyes.
감아　　　너의　　　눈을

　° close (눈을) 감다

잘 자.

Good night.
좋은　　　밤

* Good night.은 밤에 하는 인사로 '잘 가.' 또는 '잘 자.'라는 뜻이에요. 따라서 밤에 누군가를 만났을 때 '안녕.'이라는 인사말로 Good night.을 쓰지는 않습니다.

좋은 꿈 꿔.

Sweet dreams.
달콤한　　　꿈

**우리 아가
잘도 자네.**

My baby sleeps so well.
내　　아기가　　자네　　아주　잘

푹 자라.

Sleep tight.
자　　　푹

　° tight 단단히, 꽉

낯잠
Can I take a nap?

눈이 자꾸 감겨요, 엄마.

I can't keep my eyes open, Mommy.
난 없어   할수   내   눈이   떠 있게   엄마

• keep one's eyes open
눈을 뜨고 있다

낯잠 좀 자는 게 좋겠다.

You'd better take a nap.
넌   낫겠다   자는 게   낯잠을

• (take a) nap 낯잠 자다

* You'd better는 You had better를 줄인 말로 '~하는 게 좋을 거야, ~하는 것이 낫겠어'라는 뜻입니다.

낯잠 자도 돼요?

Can I take a nap?
돼?   내가 자도   낯잠을

낯잠 자고 싶어?

Do you want to nap?
넌   원하니?   낯잠 자기를

네, 점심 먹고 나면 졸려요.

Yes, I feel sleepy after having lunch.
응   난 느껴   졸리게   후에   먹은   점심을

원래 그런 거야.

That's how it is.
그건   그런 것이야

낯잠 잘 잤어?

Did you have a nice nap?
넌   가졌니?   좋은   낯잠을

| 기분이 더 좋아졌어요. | **I feel better.** |
| | 난 느껴　더 좋게 |

| 더 이상 졸리지 않아요. | **I'm not sleepy anymore.** |
| | 난　안　졸려　　더 이상 |

*not ~ anymore 더 이상 ~ 않다

| 낮잠 푹 자서 개운해요. | **I feel refreshed after a good nap.** |
| | 난 느껴　개운하게　　　후에　　좋은　　낮잠 |

*refreshed 상쾌한

| 물 한 잔 줄까? | **Want a glass of water?** |
| | 원하니?　한 잔　　물을 |

*a glass of ~ 한 잔

| 이제 가서 놀아. | **Go play now.** |
| | 가서　놀아　이제 |

▶ **가루쿡 포핀쿠킨 오징어, 문어 다리 만들기**
How to make Popin Cookin Toys Octopus & Squid soft candy

소피아와 같이 재미있게 포핀쿠킨 만들어봐요!
Let's make Popin cookin DIY Toys Trolli Octopus!

생리현상 영어표현

03 화장실, 생리현상

Bathroom

너 방귀 뀌었어?

Did you fart?

You Tube

Sophia English

화장실 가고 싶을 때
Do you *want* to pee?

쉬 마려우면
엄마한테 말해.

When you feel like peeing, tell me.
때　　　　네가　　하고 싶을　　　쉬가　　　　　말해　　나한테

• pee 쉬(하다)

* feel like 다음에 명사나 동명사(-ing)를 붙여서 '~하고 싶다'라고 표현해요. I feel like crying. (나 울고 싶어.)처럼 활용해 보세요.

(화장실) 가고 싶어?

Do you wanna go?
너는　　원해?　　　가기를

쉬 마렵니?

Do you want to pee?
너는　　원해?　　쉬하기를

쉬야, 응가야?

Pee or poo?
쉬야?　　또는 응가야?

• poo(p) 응가(하다)

쉬하러 가야 해,
응가하러 가야 해?

Do you have to go number one or number two?
너는　　하니?　　가야　쉬하러　　　　아니면 응가하러

* 화장실 용어는 연령별로 잘 선택해야 해요. 아주 어린 경우가 아니면 영어로는 '쉬, 응가, 오줌, 똥'처럼 직접적인 단어를 잘 언급하지 않아요. 학교에 가는 연령이라면 pee, poo 대신 go to the bathroom(화장실 가다), go wash one's hands(손 씻으러 가다), number one(쉬), number two(응가)처럼 에둘러 표현하는 게 좋아요.

쉬 마려워요.

I want to pee.
난 원해　　쉬하기를

응가 마려워요.

I have to poo.

난 해   응가해야

급해?

Do you really have to go?

너는   정말   해?   가야

못 참겠어요.

I can't hold it in.

난 없어   참을 수   그걸   • hold in 참다

잠깐만 참아.

Hold it for a second.

참아   그걸 잠깐만   • for a second 잠깐

쌀 것 같아요.

I'm about to pee.

난 막 참이야   쉬하려는   • be about to 막 ~하려는 참이다

엄마랑 응가하러 가자.

Let me take you for a poo.

해 줘   내가   데려가게   너를   하러   응가

쉬가 조금 나왔어요.

I peed a little.

난 쉬했어   조금

변기에 앉아.

Sit on the toilet.

앉아   위에   변기   • toilet 변기

방귀 뀌기
Did you fart?

무슨 냄새지? | **What's that smell?**
뭐지?   저   냄새가

• smell 냄새

방귀 뀌었어? | **Did you break wind?**
너   방귀 뀌었어?

• break wind 방귀 뀌다

누가 방귀 뀐 거지? | **Who cut the cheese?**
누가   방귀 뀌었어?

• cut the cheese 방귀 뀌다

너 방귀 뀌었어? | **Did you fart?**
너   방귀 뀌었어?

• fart 방귀 뀌다

틀림없이 누가 방귀 뀌었네. | **Somebody must have farted.**
누군가   방귀 뀐 것이 틀림없어

* must have p.p는 '~했음에 틀림이 없다'라는 뜻으로 과거의 상황에 대한 강한 추측을 나타낼 때 씁니다.

누가 방귀 뀌었지? | **Who farted?**
누가   방귀 뀌었어?

내가 그랬어요. | **I did.**
내가 그랬어

아이고 냄새야.

Ooh, it stinks.

아고   그거 고약한 냄새가 나   * stink 악취가 나다

나쁜 냄새 나요?

Does it smell bad?

그거 냄새 나요?   나쁜

괜찮아. 냄새
다 없어졌어.

It's okay. The smell has gone now.

괜찮아   냄새는   없어졌어   지금   * gone 사라진

방귀 못 참겠어요.

I can't hold in my fart.

난 없어   참을 수   내   방귀를

 소피아의 10가지 비밀 소개하기!
10 random facts about me!

오늘은 제가 10가지 비밀(?)에 대해서 말하려고 해요.
저에 대해서 아직 모르시는 분들이 많고, 소개 요청이 있어
서 제 소개 영상을 찍어 봤어요.
10 random facts about me!
우리 좀 더 친해져요!

쉬하기, 응가하기
Flush the toilet.

쉬하고 있니?
Are you peeing now?
있니? 너는 쉬하고 지금

너무 오래 참으면
안 돼.
Don't hold it too long.
마 참지 그걸 너무 오래

변기 물 내려.
Flush the toilet.
물 내려 변기

* flush 변기 물을 내리다

자기 전에
쉬하고 와.
Go to the bathroom before going to bed.
가 에 화장실 전에 가기 에 침대

안 마려워요.
I don't need to go.
난 없어 필요가 갈

가서 쉬해. 안 그러면
또 자다가 싼다.
Go pee, or you're gonna wet your bed again.
가서 쉬해 아님 넌 할거야 젖게 네 침대를 또

응가하니?
Are you pooping now?
있니? 너 응가하고 지금

똥이 안 나와요.	**The poop isn't coming out.**	
	똥이 안 나와	• come out 나오다

배 좀 문질러 줄게.	**Let me rub your belly.**	
	해 줘 내가 문지르게 네 배를	• rub 문지르다 I belly 배

나중에 다시 해 보자.	**Let's try again later.**
	해 보자 다시 나중에

끝나면 불러.	**Call me when you're done.**	
	불러 날 때 네가 끝날	• call (큰 소리로) 부르다, 말하다

다 했어요.	**I'm done.**
	난 다 했어

다 했니?	**Are you finished?**
	넌 끝났니?

냄새 지독하네!	**It stinks!**
	그거 고약한 냄새가 나

혼자서 닦을 수 있겠어?	**Can you wipe it by yourself?**	
	있니? 넌 닦을 수 그걸 너 혼자	• by yourself 너 혼자

응가 많이 했네. **You pooped a lot.**

너 　응가했어 　많이

화장실 휴지가
다 떨어졌네. **We ran out of toilet paper.**

우린 　다 썼어 　휴지를 　　　　　　　　　　　　　　• run out of ~을 다 써버리다

변기 뚜껑 내려야지. **Put the toilet lid down.**

내려 　변기 　뚜껑을 아래로 　　　　　　　　　　　　　　　　• lid 뚜껑

손 씻어. **Wash your hands.**

씻어 　네 　손을

왜 손을 씻어야
돼요? **Why do I have to wash my hands?**

왜 　내가 해? 　씻어야 　내 　손을

세균을 씻어내려고
그러지. **To wash off the germs.**

씻어 내기 위해서 　세균을 　　　　　　　　　　• wash off ~을 씻어 없애다 | germ 세균

이제 시원해? **Are you feeling good now?**

있니? 　넌 　느끼고 　좋게 　지금

네, 이제 기분 좋아요. **Yes, I feel good now.**

응 　난 　느껴 　좋게 　지금

가려움
Scratch my back.

등이 가려워요.

My back is itchy.
내　　등이　　가려워

· itchy 가려운

등이 가려워요.

I have an itch on my back.
난 있어　　가려움이　　에　내　등

· itch 가려움

등 좀 긁어 주세요.

Scratch my back.
긁어　　내　등을

· scratch 긁다

안 돼, 너무 세게 긁지 마.

No, don't scratch it too hard.
안 돼　마　긁지　그걸 너무　세게

등 긁어 줄게.

Let me scratch your back.
해 줘　내가　긁게　네　등을

모기 물린 데가 가려워요.

The mosquito bite is itchy.
모기에게 물린 자국이　　가려워

· mosquito 모기 | bite 물린 자국, 상처

가려운 데 긁으면 더 가려워져.

Scratching an itch makes it worse.
긁는 것은　가려운 걸　만들어　그걸 더 나쁘게

· worse 더 나쁜

딸꾹질
How can I stop the hiccups?

딸꾹질하는구나.
You have the hiccups.
넌　　　있어　　　딸꾹질이

* hiccup 딸꾹질, 딸꾹질하다

계속 딸꾹질하네.
You keep hiccupping.
넌　　　계속　　　딸꾹질하고 있어

딸꾹질이 안 멈춰요.
I can't stop hiccupping.
난 없어　　　멈출 수　　　딸꾹질하기를

신경 쓰여요.
It's bothering me.
그건 신경 쓰이게 해　　　나를

* bother 신경 쓰이게 하다, 괴롭히다

딸꾹질 어떻게
멈춰요?
How can I stop the hiccups?
어떻게　　　있어?　　내가 멈출 수　　딸꾹질을

설탕 한 숟가락 먹어.
Eat a spoonful of sugar.
먹어　　　한 숟가락을　　　설탕

* spoonful 한 숟가락 (가득한 양)

따뜻한 물 한 잔
마셔 봐.
Drink a cup of warm water.
마셔　　　한 컵을　　　따뜻한 물

| 최대한 오래 숨을 참아 봐. | **Hold your breath as long as you can.** |
| | 참아 너의 숨을 있는 한은 네가 참을 수 ·hold one's breath 숨을 참다 |

| 천천히 숨을 내쉬어. | **Breathe out slowly.** |
| | 숨을 내쉬어 천천히 ·breathe out 숨을 내쉬다 |

| 깜짝 놀랐잖아요! | **You startled me!** |
| | 당신은 놀라게 했어 나를 ·startle 놀라게 하다 |

| 왜 그랬어요? | **Why did you do that?** |
| | 왜 넌 했어? 그걸 |

| 있어봐. 너 이제 딸꾹질 안 하잖아. | **Wait. You don't have the hiccups now.** |
| | 기다려 넌 안 가졌어 딸꾹질을 지금 |

| 멈췄어요. 신기하다. 우와! | **It stopped. That's amazing. Yay!** |
| | 그게 멈췄어 그건 신기해 우와 ·amazing 놀라운 |

▶ **미국 집 소개하기♡동네 투어**
놀이터에서 혼자 놀기의 진수!

소피아가 살고 있는 미국 California에는 산꼭대기 언덕 위에 집들이 대부분 안전하고 좋은 동네랍니다. 한국과는 조금 다르죠? 그럼 놀이터도 산꼭대기에 있는 소피아네 동네로 가 볼까요?

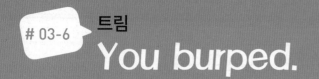

트림
You burped.

트림했네.	**You burped.**
	넌　트림했어

* burp 트림하다

죄송해요.	**Excuse me.**
	죄송해요

트림할 땐 입을 가리고 해.	**Cover your mouth when burping.**
	가려　네　입을　때　트림할

식탁에서 트림하는 건 예의가 아냐.	**It's impolite to burp at the table.**
	예의 없는 거야　트림하는 건　에서 식탁

* impolite 예의 없는

탄산음료 마시면 트림을 못 참겠어요.	**I can't stop burping after drinking soda.**
	난 없어　멈출 수　트림하기를　후에　마신　탄산음료를

트림하니까 코가 찡해요.	**The burp stings my nose.**
	트림은　쏴　내　코를

* sting 쏘다, 찌르다

트림하고 나니까 배가 꺼졌어요.	**I just burped and my stomach is empty.**
	난 금방　트림했어　그러니　내　배가　비었어

* stomach 배, 위
* empty 비어 있는, 빈

하품
Yawning is contagious.

하품하네.

You're yawning.

넌　　　하품하고 있어

* yawn 하품하다

계속 하품하는구나.

You keep yawning.

넌　　계속　　하품해

하품이 안 멈춰요.

I can't stop yawning.

난 없어　　멈출 수　하품하기를

엄마도 하품하네요.

You're yawning, too.

당신도　하품하고 있어　　　역시

네가 하품을 하니까 나도 했지.

I yawned because you yawned.

난 하품했어　　때문에　　네가　하품했기

너 때문에 나도 하품이 나.

You made me yawn, too.

넌　　만들었어　내가　하품하게　역시

하품은 전염되거든.

Yawning is contagious.

하품은　　　전염성 있어

* contagious 전염되는

씻을 때 영어표현

04 씻기

손 씻어.

Wash

Wash your hands.

You Tube

Sophia English

양치
Brush your teeth.

양치해.	**Brush your teeth.**
	닦아　　　네　　　이를

* brush one's teeth 양치하다

나중에 할래요.	**I'll do it later.**
	난 할게　　　그걸 나중에

이 닦기 싫어요.	**I don't want to brush my teeth.**
	난 안　　　원해　　　닦기를　　　내　　이

이를 잘 닦아야 돼.	**You have to brush your teeth properly.**
	넌　　돼　　　닦아야　　네　　이를　　제대로

* properly 제대로

안 그럼 치과에 가야 돼.	**Or you'll have to go to the dentist.**
	아니면 넌　　할 거야　　　치과에 가야

* dentist 치과 의사

안 그럼 이가 썩을 거야.	**Or your teeth will rot.**
	아니면 네　　이가　　거야　　썩을

* rot 썩다

칫솔에 치약을 짜렴.	**Squeeze the toothpaste on your toothbrush.**
	짜　　　치약을　　　위에　　네　　칫솔

* squeeze 짜다

아래위로 닦아 봐.

Brush your teeth up and down.
닦아　　　네　　　이를　　　아래위로

혀도 닦아야지.

Clean your tongue, too.
씻어　　　네　　　혀도　　　역시

• tongue 혀

조금만 더 닦아.

Brush a little longer.
닦아　　　조금　　　더 오래

물 틀어.

Turn the water on.
틀어　　　물을

• turn on 틀다, 켜다

입 헹궈.

Rinse your mouth.
헹궈　　　너의　　　입을

• rinse 헹구다

가글하고 물 뱉어.

Gargle and spit the water out.
가글하고　　　　　뱉어　　물을　　　　밖으로

• spit 뱉다

칫솔 씻어야지.

Clean your toothbrush.
씻어　　　네　　　칫솔을

수도꼭지 잠가.

Turn off the tap.
잠가　　　　꼭지를

• tap (수도 등의) 꼭지

Let's wash your face.

세수하자.

Let's **wash** your **face**.

하자 　 씻기를 　 너의 　 얼굴

* wash one's face 세수하다

머리카락을 뒤로 올려.

Pull back your hair.

당겨 　 뒤로 　 네 　 머리카락을

소매 걷어야지.

Roll up your sleeves.

걷어 올려 　 네 　 소매를

* roll up 걷어 올리다 | sleeve 소매

목도 씻어.

Wash your neck, too.

씻어 　 네 　 목도 　 역시

옷 안 젖게 조심하고.

Be careful not to get your clothes wet.

조심해 　 안도록 　 네 　 옷이 　 젖지

* careful 조심하는

비누를 문질러서 거품을 내.

Rub the soap and **make** foam.

문질러 　 비누를 　 그리고 　 만들어 　 거품을려

* rub 문지르다 | foam 거품

눈 꼭 감아.

Close your eyes tightly.

감아 　 네 　 눈을 　 꽉

눈이 따가워요!	**My eyes sting!** 내　눈이　따가워	*sting 따갑다, 쓰리다 (sting-stung-stung)
비누가 눈에 들어갔어요.	**The soap got into my eyes.** 비누가　들어갔어　내　눈에	
눈이 아파요.	**My eyes are sore.** 내　눈이　아파요	*sore 아픈
<u>흐르는 물로</u> 헹궈.	**Rinse with running water.** 헹궈　로　흐르는　물	*running 흐르는
물 따뜻해?	**Is the water warm?** 물이　따뜻?	
여기 수건.	**Here is the towel.** 여기　있어 수건이	
얼굴 닦아.	**Wipe your face.** 닦아　네　얼굴을	*wipe 닦다
옷이 젖었네.	**Your clothes got wet.** 네　옷이　젖었어	

Wash your hands.

손 좀 봐.
Look at your hands.
봐　　　네　　손을

손이 정말 더럽네.
They're really dirty.
그것들이　　정말　　더러워

*dirty 더러운

옷에다 손 닦지 마.
Don't wipe them on your clothes.
마　　닦지　　그것들을　네 옷에

손 씻어.
Wash your hands.
씻어　　네　　손을

놀고 난 후엔 손을 꼭 씻어야 하는 걸 기억해.
Remember to always wash your hands after you play.
기억해　　　　　　항상　　씻는 걸　네　　손을　　후에　네가　논

집에 들어오면 손 씻어야 돼.
You have to wash your hands when you get home.
넌　　돼　　　씻어야　　네　　손을　　때　　네가　올　집에

손에는 세균이 많아.
There are lots of germs on your hands.
있어　　　　　많은　　세균이　　네 손에

*germ 세균

세균 때문에 병에 걸리거든.	**And the germs make you sick.**	
	그리고 세균이 만들어 널 아프게	

비누로 손 씻어.	**Wash your hands with the soap.**	
	씻어 네 손을 로 비누	

팔뚝도 씻어.	**Wash your forearms, too.**	• forearm 팔뚝
	씻어 네 팔뚝도 역시	

거품을 많이 내.	**Make a lot of bubbles.**	• bubble 거품
	만들어 많은 거품을	

열까지 세면서 손을 비벼.	**Rub your hands together counting to ten.**	• count 세다
	비벼 네 손을 함께 세면서 까지 열	

이제 흐르는 물에 손을 헹궈.	**Now rinse your hands under running water.**	
	이제 헹궈 네 손을 아래에 흐르는 물	

 미국 발렌타인데이 ♡ 소피아의 풀파티 겨울에 수영하기!
Valentine's Day Pool Party at Home!

신나게 친구랑 수영장에서 놀기로 했어요.
같이 즐겨 볼래요?

목욕하기

Let's take a bath.

**목욕하자.
/ 샤워하자.**

Let's take a bath. / Let's take a shower.

하자 　목욕하기를 　　　　　하자 　샤워하기를 　　　　　• take a bath 목욕하다

옷 벗으렴.

Take off your clothes.

벗어 　　네 　　옷을 　　　　　　　　　　　• take off (옷을) 벗다

욕조에 물 받아 줄게.

I'll fill the bathtub for you.

난 채울게　욕조를 　　　　위해　너를 　　　　　• (bath)tub 욕조

네가 물 틀려고?

Are you going to turn the water on?

네가 　틀 거니? 　　　　　물을 　　　　　• turn on (물을) 틀다

**물이 따뜻한지
확인해 봐.**

Make sure the water is warm.

확인해 　　　　물이 　　　따뜻한지 　　　• make sure 확실히 하다

욕조로 들어가자.

Let's get into the bathtub.

하자 　들어가기를 욕조에 　　　　　• get into ~에 들어가다

옷 다 벗고 들어가.

Take off all your clothes and get in.

벗어 　　모든 네 　　옷을 　　그리고 　들어가

물 뜨거워?

Is the water hot?

물이 　　　 뜨겁니

너무 뜨거워요.

It's too hot.

그것은 너무 　 뜨거워

찬물을 더 틀어 줄게.

Let me put some more cold water in.

해 줘 　 내가 　 넣게 　 좀 　　 더 　　　 찬 　　 물을 　　　 안에

온도가 어때?

How's the temperature?

어때? 　　 온도가

　　　　　　　　　　　　　　　　　　　　　　　　　• temperature 온도

물이 기분좋게
따뜻해요.

The water is nice and warm.

물이 　　　　　　　 좋아 　　 그리고 　 따뜻해

거품 더 만들어 줄까?

Would you like more foam?

넌 원하니? 　　　　　　　 더 많은 　　 거품을

어지르지 마.

Don't make a mess.

마 　　　 만들지 　 엉망으로

　　　　　　　　　　　　　　　　　　　　　　• make a mess 엉망으로 만들다

물 넘치지 않게 해.

Don't overflow the bathtub.

마 　　　 넘쳐 흐르게 하지 　 욕조를

　　　　　　　　　　　　　　　　　　　　　　• overflow 넘쳐 흐르다

내가 씻을 수 있어요.	**I can wash on my own.**
	난 있어　　씻을 수　　내 스스로

바디 클렌저를 두 번 펌프질 해.	**Pump the body cleanser twice.**
	펌프질 해　　바디 클렌저를　　　　두 번

• pump 펌프질 하다

이제 비누 씻어 내자.	**Let's wash off the soap.**
	하자　　씻어 내기를　　비누

• wash off 씻어 내다

헹궈 줄게.	**Let me rinse you off.**
	해 줘　내가　헹구게　너를

머리 감자.	**Let's wash your hair.**
	하자　　씻기를　네　머리

• wash one's hair 머리 감다

머리 감는 거 싫어요.	**I don't like washing my hair.**
	난 안　　좋아　씻기가　　내　머리를

머리 감으면 눈이 따가워요.	**My eyes sting when I wash my hair.**
	내　눈이　　따가워　때　　내가 씻을　내　머리를

조심해서 할게.	**I'll try to do it carefully.**
	난 노력할게　하도록　그걸 조심스럽게

샴푸로 머리 감아. # Shampoo your hair.

감아 　　 네 　　 머리를 　　　　　　　　　　　　　　　* shampoo (머리를 샴푸로) 감다, 샴푸

머리에 샴푸 묻히자. # Let's put the shampoo on your hair.

하자 　 바르기를 샴푸 　　　　　　 위에 네 　 머리

* put on은 '~을 입다, 쓰다, 착용하다'라는 뜻으로 많이 쓰이며 '(얼굴, 피부에) ~을 바르다'라는 의미도 가지고 있어요.

머리 헹구자. # Let's rinse your hair.

하자 　 헹구기를 　 네 　 머리

다 끝났다. # It's all done.

그게 　 모두 　 끝났다

수건으로 몸을 닦자. # Let's dry your body with a towel.

하자 　 말리기를 네 　 몸 　　　 으로 　 수건

**드라이기로
머리 말리자.** # Let's dry your hair with the blow dryer.

하자 　 말리기를 네 　 머리 　 로 　　 드라이기 　　　　　　　　* blow dryer 드라이기

개운하니? # Do you feel good?

너는 　 느끼니? 좋게

**목욕하니까
훨씬 더 예뻐졌네.** # You're much prettier after your bath.

넌 　　　 훨씬 　 더 예뻐 　　　 후에 　 네 　 목욕

로션 바르기
Put lotion on your face.

얼굴에 로션 발라.

Put lotion on your face.

발라　로션을　　네 얼굴에

몸에 로션
발라 줄게.

Let me put lotion on your body.

해 줘　내가　바르게　로션을　　네 몸에

너무 많이 바르지 마.

Don't put too much.

마　　바르지　너무　　많이

너무 세게 짜지 마.

Don't squeeze it too hard.

마　　짜지　　그걸 너무　세게

너무 많이 나왔네.

Too much came out.

너무　　많이　　나왔어

너무 미끈거려요.

It's too slippery.

그건　너무　미끄러워

* slippery 미끄러운

이 로션 냄새
좋아요.

This lotion smells good.

이　　로션은　　냄새 나　좋은

For Babies 기저귀 갈 때
Let's change your diaper.

오줌 쌌구나.
/ 똥 쌌구나.

You peed. / You pooped.
너　　쉬했어　　너　　똥쌌어

기저귀 갈자.

Let's change your diaper.
하자　　바꾸기를　　너의　　기저귀
* diaper 기저귀

젖은 기저귀 벗자.

Let's take off the wet diaper.
하자　　벗기를　　젖은　기저귀

엉덩이를 닦자.

Let's clean your bottom.
하자　　닦기를　　네　　엉덩이

뽀송뽀송하니?

Are you clean and dry?
너는　　깨끗하고　　말랐니?

빨갛게 발진이
생겼네.

Oh, you got a rash.
아　　년　　생겼어　발진이
* rash 발진

씻고 약 좀 바르자.

Let's wash and put some medicine on it.
하자　　씻기를　　그리고　　바르기를 좀　　약을　　위에　그것
* medicine 약

식사습관 영어표현

05 식사

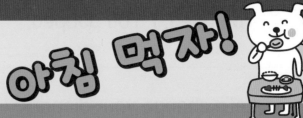

아침 먹쟈!

Eating

You Tube

Sophia English

Time for breakfast.

아침 식사 시간이야. **Time for breakfast.**
시간이야 할 아침 식사

• breakfast 아침 식사

아침 먹자. **Let's have breakfast.**
하자 먹기를 아침

아침을 거르면 안 돼. **You must not skip breakfast.**
넌 안 돼 거르면 아침을

• skip 거르다

아침이 하루 중 가장 중요한 식사야. **Breakfast is the most important meal of the day.**
아침이 가장 중요한 식사야 중에 하루

*3음절 이상의 형용사나 부사의 경우 최상급을 만들 때 단어 앞에 the most를 붙여서 말해요.
the most difficult(가장 어려운), the most expensive(가장 비싼) 처럼 말할 수 있지요.

• meal 식사

냉장고에서 우유 좀 꺼내 줘. **Get the milk from the fridge, please.**
꺼내 우유를 에서 냉장고 줘

• fridge(refrigerator) 냉장고

아침은 뭐예요? **What's for breakfast?**
뭐야? 아침 식사는

뭐 먹고 싶어? **What would you like to eat?**
무얼 너는 원해? 먹기를

*'뭐 먹고 싶어?'를 더 편하게 말하면 What do you want to eat?이라고 해요.

간단하게 먹고 싶어요.	I'd like to eat something light.	
	난 원해　　먹기를　　것을　　　　　가벼운	* light (양이 적어) 가벼운, 간단한

달걀 프라이 해 주실래요?	Could you fry an egg for me?
	주겠어?　　당신은　프라이해　계란을　　위해　　날

* 레스토랑에 가면 What type of eggs do you like?(어떤 형태의 계란이 좋아요?)라고 계란을 어느 정도로 익혀 줄지를 물을 거예요. 계란 요리에 대해 알아 볼까요?

계란

egg 계란　　white/albumen 흰자　　yolk 노른자　　double-yolked 노른자가 두 개 있는 계란

계란 요리

fried egg 계란 프라이　　　　　　　scrambled egg 스크램블드 에그(계란을 깨서 휘저어 익힌 것)
hard boiled egg 완숙(다 익힌 것)　　soft boiled egg 반숙(반만 익힌 것)
boiled egg 삶은 계란　　　　　　　poached egg 수란(끓는 물에 계란을 깨서 넣어 살짝 데쳐 만든 것)

익히는 정도에 따른 fried egg의 명칭

over well(over hard/hard): 양면을 바싹 익히는 방법(over라는 말이 양면을 익힌다는 뜻이에요.)
over medium: 양면을 익히는 방법(전반적으로 하얗게 익히는 프라이)
over easy(runny): 양면을 익히나 노른자는 익히지 않는 방법(runny는 노른자를 익히지 않아서 흐르는 상태라고 생각하면 돼요.)
sunny side up(eggs up): 한 쪽만 익히고 노른자를 익히지 않는 방법

토스트 한 쪽 먹을래?	Would you like a slice of toast?	
	넌 원하니?　　　　　　한 쪽을　　토스트의	* slice 얇게 썬 조각

토스트에 잼 발라.	Spread jam on your toast.	
	발라　　　잼을　　위에　너의　　토스트	* spread (얇게 펴서) 바르다

시리얼에 우유 부어 봐.	**Pour milk on your cereal.** 부어　　우유를　위에　너의　　시리얼	* pour 붓다 | cereal 시리얼
우유 안 흘리게 조심해.	**Be careful not to spill the milk.** 조심해　　　　　않도록　흘리지　　우유를	* spill 흘리다 (spill-split-split)
이제 먹자.	**Let's eat now.** 하자　　먹기를　지금	
많이 먹어.	**Help yourself.** 도와　　스스로를	

* Help yourself.는 '알아서 마음껏 먹어.'라는 의미가 담겨 있어요.

맛있게 먹어.	**Enjoy your meal.** 즐겨　　네　　식사를

 I'm coming과 I'm going 확실하게 알고 가기!

오늘의 영어 꿀팁!
Going과 Coming의 차이점입니다.
많은 사람들이 '간다'라는 뜻의 going을 coming과 혼돈해서 사용하고 있는데요.
예를 들어 엄마가 부르면 "갈게~."라고 말하잖아요, 그때 미국에서는 going이 아닌 coming을 써서 표현해요.

점심, 저녁 식사
Do you *wanna eat more?*

국이 뜨거워.
조심해.

The soup is hot. Be careful.
국이　　　　뜨거워　　　조심해

잘 먹네.

You're eating a lot.
넌　　　먹고 있어　　　많이

배고팠어?

Were you hungry?
넌　　　배고팠니?

정말 잘 먹네.

You're eating like a pig.
넌　　　먹고 있어　　　처럼　　돼지　　　　　　　* eat like a pig 게걸스럽게 먹다

이건 뭘로 만든
거예요?

What is this made of?
뭘로　　　　이건　　만들어졌어?　　　　　　　　* be made of ~로 만들어지다

돼지고기로
만든 거야.

This is made of pork.
이건　　만들어졌어　　돼지고기로　　　　　　　* pork 돼지고기

밥 좀 더 주실래요?

Could you give me more rice?
있겠어?　　당신은　　줄 수　　내게　　더 많은　　밥을

거기 소금 좀 건네줄래?	**Would you pass me the salt?**
	주겠니? 너는 건네 내게 소금을
	• pass 건네주다

| 다 먹었어요. | **I'm finished/done.** |
| | 난 끝났어 |

목 막힐라.	**Don't choke.**
	마 목이 메게 하지
	• choke 목이 메게 하다

| 너무 빨리 먹지 마. | **Don't eat too fast.** |
| | 마 먹지 너무 빨리 |

꼭꼭 씹어.	**Chew it well.**
	씹어 그걸 잘
	• chew 씹다

후 불어.	**Blow on it.**
	입김을 불어 그것에
	• blow on 입김을 불다

먹기에 너무 뜨거워.	**It's too hot to eat.**
	그건 너무 뜨거워 먹기에
	• too ~ to ... 너무 ~해서 …할 수 없다

생선 가시 발라 줄게.	**Let me remove the fish bones.**
	해 줘 내가 없애게 생선 가시를
	• remove 없애다 ǀ fish bone 생선 가시

비빔밥 비벼 줄게.

Let me mix the Bibimbap for you.

해 줘　　내가　　섞게　　비빔밥을　　　　　　위해　널　　　　　　　　　　　　• mix 섞다

국에다 밥 말아 줄까?

Would you like me to put rice into the soup?

넌 원해?　　　　　　　　내가　　넣기를　　　밥을　　안에　　국

* 국에 밥을 말아 먹는 문화는 영어권에 없기 때문에 '말다'라는 말은 '~에 넣다'라는 의미의 put ~ into를 써서 표현해요.

젓가락 써 봐.

Use your chopsticks.

써　　　네　　　젓가락을　　　　　　　　　　　　　　• chopsticks 젓가락

손가락으로
집어먹지 마.

Please don't eat with your fingers.

제발　　　　마　　　먹지　　으로　　네　　　손가락

먹을 걸로 장난치면
안 돼.

Don't play with your food.

마　　　놀지　　　으로　　네　　　음식

엉망으로 먹지 말고.

Don't make a mess.

마　　　만들지　　　엉망으로

* 육아를 하다 보면 아이들이 집안을 엉망으로 만들어 놓을 때가 많죠? 이럴 때 mess라는 단어를 많이 쓰게 돼요. You made a mess.(엉망으로 만들었구나.) What a mess! (엉망진창이네!)와 같이 활용해 보세요.

다 먹었구나.

You ate it all.

넌　　　먹었어　그걸 다

다 먹었니?	**Finished?**
	끝냈니?

잘 먹으니 좋다.	**I'm so happy that you ate a lot.**
	난 너무 좋아 네가 먹어서 많이

배부르게 먹었어?	**You had enough?**
	넌 먹었니? 충분히

배불러?	**Are you full?**
	넌 배부르니?

배불러요.	**I'm full.**
	난 배불러

엄마, 고마워요.	**Thank you, Mommy.**
	고마워 엄마

더 먹을래?	**Do you wanna eat more?**
	넌 원하니? 먹기를 더

배고프거나 배부를 때

I'm hungry.

배고파요.

I'm hungry.
난 배고파

언제 다 돼요?

When will it be ready?
언제　　　거야? 그게 다 준비될　　　　　　　　　　• ready 준비가 (다) 된

배가 꼬르륵거려요.

My stomach is growling.
내　　배가　　　　꼬르륵거리고 있어　　　　　　　• growl 꼬르륵거리다

밥 좀 더 주세요.

Can I have some more rice?
돼?　　내가 먹어도　좀　　　더　　　밥을

이제 배불러요.

I'm full now.
난 배불러　　　지금

많이 먹었어요.

I ate enough.
난 먹었어　충분히

더 이상은 못
먹겠어요.

I can't eat any more.
난 없어　　먹을 수 더 이상

맛, 입맛
How does it taste?

맛이 어떠니?
How does it taste?
어떤　　　　　　그건 맛 나니?

• taste ~한 맛이 나다

맛있어?
Do you like it?
넌　좋니?　그게

맛있겠다.
It looks great.
그건 보여　　대단해

맛있다, 그렇지?
Yummy, isn't it?
맛있지　　　　그렇지

• yummy 아주 맛있는

너무 맛있어요.
It's so tasty.
그건　정말　맛있어

맛있는 냄새가 나요.
This smells good.
이건　　냄새 나　　좋은

군침이 돌아요.
My mouth is watering.
내　　입에　　군침이 나고 있어

• water 군침이 나다

맛있어요! **Yummy!**
맛있어

이거 정말 맛있어요. **This is really good.**
이건 　　정말 　　맛있어

이 김치 너무 매워요. **This Kimchi is too spicy.**
이 　김치는 　　너무 매워
° spicy 양념이 강한, 매운

이거 맛이 싱거워요. **This tastes bland.**
이건 　맛이 나 　싱거운
° bland 밋밋한, 싱거운

소금 조금만 더 넣어. **Add a little more salt.**
더해 　조금 　더 　소금을
° add ~을 더하다, 첨가하다

너무 짜요. **It's too salty.**
이거 너무 짜
° salty 짠

케첩 뿌려 줄까? **Would you like some ketchup on it?**
넌 원하니? 　　좀 　케첩을 　위에 그것

I don't feel like eating now.

와서 먹자고 엄마가 말했지.

I told you to come and eat.

난 말했어   네게   와서   먹자고

밥을 왜 깨작거리니?

Why are you eating like a bird?

왜   있니?   넌   먹고   처럼   새   • eat like a bird 아주 조금 먹다

밥 안 먹어도 돼요?

Can I skip the meal?

돼?   내가 걸러도   식사를   • skip 거르다

아니, 안 돼.

No, you can't.

아니   넌   안 돼

배 안 고파요.

I'm not hungry.

난   안   배고파

지금 안 먹고 싶어요.

I don't feel like eating now.

난 안   싶어   먹고   지금

입맛이 없어요.

I have no appetite.

난 없어   입맛이   • appetite 식욕, 입맛

왜 안 먹니?	Why aren't you eating?
	왜　　안　　너는　　먹고 있어?

아직 다 안 먹었네.	There is still some food left on your plate.
	있어　　아직　약간의　음식이　남겨진　위에　네　접시

* there is ~이 있다
* plate 접시

한 숟가락만 더 먹자.	Let's just eat one more spoon.
	하자　딱　먹기를　한　더　숟가락

* spoon 숟가락

이거 다 먹으면 상 줄게.	You'll be rewarded after eating this up.
	넌　상 받을 거야　후에　먹은　이거　다

* reward 보상하다, 보상

이거 네가 제일 좋아하는 음식이야.	This is your favorite food.
	이건　너의　제일 좋아하는　음식이야

조금만 더 먹자.	Eat just a little more.
	먹어　딱　조금만　더

거의 다 먹었어.	Almost finished.
	거의　다 했다

마지막 한 입이야.	This is the last bite.
	이건　마지막　한 입이야

* last 마지막의 | bite 한 입

| 이거 너무 많아요. | **This is too much.** |
| | 이건　　　　너무　　많아 |

| 나 채소 정말 싫어요. | **I hate vegetables.** |
| | 난 정말 싫어　　채소가 |

· hate 몹시 싫어하다
· vegetable 채소

| 난 생선은
안 먹을래요. | **I won't eat fish.** |
| | 난 안　　　　먹을 거야 생선을 |

| 이거 왜 먹어야
해요? | **Why should I eat this?** |
| | 왜　　　　돼?　　　　내가 먹어야 이것을 |

| 맛이 없어요. | **This tastes bad.** |
| | 이건　　　맛이 나　　나쁜 |

| 맛이 꽝이에요. | **This is terrible.** |
| | 이건　　　엉망이야 |

· terrible 형편없는

| 좋아하는 음식만
먹으면 안 돼. | **You shouldn't eat only the foods you like.** |
| | 넌　　　안 돼　　　먹으면 오직　　음식만　　　네가　　좋아하는 |

| 저녁 안 먹으면
디저트 못 먹어. | **If you're not gonna eat dinner, you won't get dessert.** |
| | 만약 네가　　　안　　먹을 거면　　　저녁을　　넌　　못 먹을 거야　　디저트를 |

* 아이가 밥을 잘 안 먹어서 속상할 때 욱하고 Don't eat, then.(그럼, 먹지 마.)하고 싶은 순간도 생기겠지만, 아이에게는 되도록 예쁜 영어를 들려주세요. You're eating well. Good boy.하면서 격려해 주세요!

식사 준비
I'll set the table.

저녁으로 국수
어때?

How about noodles for dinner?
어때?　　　　　　국수가　　　　으로　　저녁

피자 먹을래요.

I'd like pizza.
난 먹고 싶어　피자가

엄마가 피자 대신
불고기 만들었지.

I made Bulgogi instead of pizza.
난 만들었어　　불고기를　　　대신　　　　피자　　　　　　　　　• instead of ~ 대신에

난 불고기가
제일 좋아요.

I like Bulgogi (the) best.
난 좋아　　불고기가　　　제일

* '~이 제일 좋다'라고 할 때 '제일'이라는 말은 best와 the best 둘 다 사용할 수 있어요.

점심/저녁은 뭐예요?

What's for lunch/dinner?
뭐야?　　　은　　점심 / 저녁

뭐 먹어요?

What are we having?
무엇을　　　　　우린　　먹어?

볶음밥 좋아하지,
그렇지?

You love fried rice, don't you?
넌　　　좋아해　볶음밥을　　　그렇지?　　　　　　　　• fried 볶은, 튀긴

저녁엔 카레라이스 먹을 거야.

We're gonna have curry rice tonight.

우리는 거야   먹을   카레라이스를   오늘 밤

오늘은 스파게티야.

We are having spaghetti today.

우린   먹을 거야   스파게티를   오늘

점심/저녁 먹자.

Let's have lunch/dinner.

하자   먹기를   점심 / 저녁

와서 저녁 먹어.

Come and eat dinner.

와서   먹어   저녁을

손부터 씻어.

Wash your hands first.

씻어   네   손을   먼저

빨리 와! 식는다.

Hurry up! It will get cold.

서둘러   그건 거야   식을

제가 도와드릴까요?

Do you want me to help you?

당신은   원해?   내가   돕길   당신을

나 좀 도와 줄래?

Would you help me?

주겠니?   네가   도와   날

식탁 좀 차려 줘.

Set the table.

차려   식탁을

• set the table 식탁을 차리다

제가 식탁을 차릴게요.

I'll set the table.

난 차릴 거야   식탁을

이 음식 식탁 위에 올려놔 줘.

Put this dish on the table.

놔   이   음식을   위에   식탁

• dish 접시, 음식, 요리

도와줘서 고마워.

Thank you for helping me.

고마워   도와줘서   나를

저녁 먹게 아빠 모시고 와.

Bring Daddy to eat dinner.

데려 와   아빠를   먹게   저녁

자리에 앉아.

Sit at the table.

앉아   에   식탁

먹기 전에 뭐라고 해야 하지?

What do you say before you eat?

무엇을   넌   말해?   전에   네가   먹기

잘 먹겠습니다.

Thank you for the meal.

감사합니다   대해   식사에

* Thank you 다음에 감사한 이유를 표현하고 싶다면 전치사 for를 써서 Thank you for the meal.(식사 차려 주셔서 고마워요.) Thank you for helping me.(도와줘서 고마워요.)처럼 말하면 돼요.

간식 시간

Please make cookies for me.

뭐가 좀 먹고 싶어요.
I feel like eating something.
난 싫어   먹고   뭔가를

간식 먹자.
Let's have snacks.
하자   먹기를   간식

* snack 간식

뭐 만들어 줄까?
What do you want me to make?
무얼   넌   원해?   내가   만들기를

쿠키 만들어 주세요.
Please make cookies for me.
주세요   만들어   쿠키를   위해   나를

쿠키 몇 개 먹을래?
How many cookies do you want?
얼마나   많은   쿠키를   넌   원해?

* how many ~ 는 '몇 개의 ~'라는 뜻으로 수량이나 수를 물을 때 쓸 수 있어요.

쿠키 한 개만 더 먹어도 돼요?
Can I have one more cookie?
돼요?   내가 먹어도   하나   더   쿠키를

쿠키 많이 먹고 싶어요.
I want to eat lots of cookies.
나는 원해   먹기를   많은   쿠키를

한 개만 더 먹자. **Let's have just one more.**

하자　먹기를　딱　하나　더

조금만 더 먹자. **Let's have a little more.**

하자　먹기를　조금　더

도넛 있어. **We have donuts.**

우린　있어　도넛이

• donut(doughnut) 도넛

군고구마 먹자. **Let's have baked sweet potatoes.**

하자　먹기를　구운　고구마

• baked 구운

닭고기를 튀겨 줄게. **I'll fry some chickens.**

난 튀길게　좀　닭고기를

• fry 튀기다, 볶다

샌드위치 먹고 싶어요. **I'd like a sandwich.**

난 먹고 싶어　샌드위치를

아이스크림 좀 주실래요? **Could I have some ice cream?**

돼?　내가 먹어도　좀　아이스크림을

이것만 먹고 그만 먹자. **Let's stop after eating this one.**

하자　멈추기를　후에　먹은　이것을

음료수
Are you thirsty?

목마르니?

Are you thirsty?

넌　　　목마르니?

• thirsty 목마른

목말라요.

I'm thirsty.

난 목말라

뭐 마실 것 좀 주세요.

Please give me something to drink.

주세요　　　　　　　내게　뭔가를　　　　　마실

뭐 마시고 싶어?

Would you like to drink something?

넌 원해?　　　　　　　　　마시기를　　뭔가

주스나 우유 중
뭐가 좋아?

Which would you like better, juice or milk?

어느 걸　　　넌 원해?　　　　　더 많이　　주스나　　　우유 중

우유 한 잔 주세요.

A glass of milk, please.

한 잔을　　　　우유　　　　주세요

너무 많이
마시지는 마.

Don't drink too much.

마　　　마시지　　너무　많이

콜라는 건강에 안 좋아.

Coke is not good for your health.

콜라는   안   좋아   에   네   건강

• health 건강

물 많이 마셔.

Drink a lot of water.

마셔   많이   물을

빨대 꽂아 줄게.

Let me put in a straw.

해 줘   내가   넣게   빨대를

• straw 빨대

열어 줄까?

Do you want me to open it?

넌   원하니?   내가   열기를   그걸

'뚜껑 좀 따 주세요.'하고 말해야지.

Say, "Please open the bottle."

말해   '병을 열어 주세요'하고

• bottle 병

여기 있어.

Here you go.

여기   네게   있어

'고맙습니다.' 해야지.

You should say, "Thank you."

넌   돼   말해야   '고맙습니다'하고

엄마 좀 줄래?

Can I have some?

돼?   내가 먹어도   좀

과일
Let me peel the oranges.

어떤 과일로 할까?

What kind of fruit would you like?
어떤   종류의   과일을   넌 원하니?

사과 먹자.

Let's have apples.
하자   먹기를   사과

껍질 깎아 줄게.

Let me peel this for you.
해 줘   내가   깎게   이걸   위해   널

* peel 껍질을 깎다

내가 오렌지
껍질 깔래요.

Let me peel the oranges.
해 줘   내가   깎게   오렌지를

칼에 손 대지 마.

Don't touch the knife.
마   만지지   칼을

날카로워서 손가락을
베일 수 있어.

It's sharp and you might cut your finger.
그건 날카로워서   넌   몰라   베일지도 네   손가락을

* sharp 날카로운

사과를 여러
조각으로 자르게.

I'll cut the apple into small pieces.
난 자를게   사과를   으로   작은   조각

* piece 조각

음식을 쏟거나 흘렸을 때

You spilt the water.

옷에 우유 흘렸어요.

I spilt the milk on my clothes.

난 흘렸어　우유를　위에　내　옷

* spill 쏟다, 흘리다 (spill-spilt-spilt)

조심하라고 했지.

I said be careful.

난 말했어　조심하라고

물을 흘렸네.

You spilt the water.

넌　흘렸어　물을

가만히 있어.

Stay still.

있어　가만히

* still 가만히 있는, 정지한

엄마가 닦을게.

Let me wipe it.

해 줘　내가　닦게　그걸

네가 치워 봐.

Clean it yourself.

닦아　그걸 네 스스로

* clean 닦다, 청소하다

옷 갈아입어야겠네.

You need to change your clothes.

너는　필요가 있어　갈아입을　네　옷을

For Babies 우유, 이유식 먹기

Put your bib on.

식사 시간이다.

It's time for your meal.
시간이야 　 할 　 네 　 식사

밥 먹을 시간이야.

Time to eat.
시간이야 　 먹을

배고프지? 밥 먹자.

You must be hungry. Let's eat.
넌 　 틀림없어 　 배고픈 게 　 　 하자 　 먹기를

* must be는 '~임에 틀림없다'라는 뜻이에요. It must be on the table.(그거 틀림없이 테이블 위에 있어요.)

턱받이 하자.

Put your bib on.
입어 　 네 　 턱받이를

• bib 턱받이

우유 먹고 싶니?

Would you like to have some milk?
너는 원하니? 　 　 먹기를 　 좀 　 우유

여기 있어.

Here it is.
여기 　 그거 있어

맛있겠다, 그렇지?

Looks yummy, doesn't it?
보여 　 맛있어 　 그렇지?

맛있는 냄새 난다, 그렇지?	**Smells nice, doesn't it?**
	냄새 나 좋은 그렇지?

입 벌려 봐.	**Open your mouth.**
	벌려 네 입을

맛있니?	**Does it taste good?**
	그거 맛이 나니? 좋은

한 숟갈/입만 더 먹자.	**Eat one more spoon/bite.**
	먹어 한 더 숟갈/입을

많이 먹었니?	**Did you have enough?**
	넌 먹었니? 충분히 • enough 충분한

* '충분한 음식을 먹었니?'라고 하려면 Did you have enough food? 라고 해야 하지만 일상회화에서는 흔히 food를 생략해서 말합니다.

저런, 토해 버렸네.	**Oh my! You threw up.**
	아 저런 너는 토했어 • throw up 토하다

뱉으면 안 돼!	**Don't spit!**
	마 뱉지

식당에서 영어표현

06 식당

At the Restaurant

\# 06-1 메뉴 결정하기
\# 06-2 주문하기
\# 06-3 식사 예절
\# 06-4 식사하기

우리 외식하자.

Let's eat out.

YouTube

Sophia English

뭐가 먹고 싶어?
What do you feel like having?

피자 진짜 좋아요.
Pizza sounds great.

메뉴 결정하기

Let's eat out.

우리 외식하자.	**Let's eat out.** 하자　먹기를　밖에서	• eat out 외식하다
뭐가 먹고 싶어?	**What do you feel like having?** 무얼　너는　싶니?　먹고	
우리 어느 식당으로 갈까?	**Which restaurant will we go to?** 어느　식당에　거야? 우리가 갈	
중국 음식 괜찮나요?	**Does Chinese food sound good?** 중국　음식은　들려?　좋게	
안 돼, 넌 돼지고기 알레르기가 있어.	**No, you're allergic to pork.** 안 돼　넌　알레르기 있어　에　돼지고기	• allergic to ~에 알레르기가 있는
피자는 어때?	**What about pizza?** 어때?　피자는	• what about ~은 어때?
피자 진짜 좋아요.	**Pizza sounds great.** 피자가　들려　정말 좋게	

주문하기
What would you like to eat?

메뉴 보자.

Let's look at the menu.

하자　보기를　메뉴

저도 메뉴
보여 주세요.

Let me see the menu, please.

해 줘　내가　보게　메뉴를　제발

뭐가 먹고 싶어?

What would you like to eat?

뭘　넌 싶어?　먹고

뭔가 맛있는 거
먹고 싶어요.

I'd like to eat something delicious.

난 싶어　먹고　뭔가를　맛있는

먹고 싶은 거 골라 봐.

Choose what you'd like to eat.

골라　것을　네가　싶은　먹고

* choose 고르다

이거 맛있어 보인다.

This looks good.

이게　보여　좋아

이걸로 주문하는
게 어때?

Why don't we order this one?

어때?　우리가　주문하는 게　이것을

* order 주문하다

어떤 피자가 좋아?

Which pizza do you want?

어느   피자를   너는   원하니?

파인애플 피자로
할래요.

I'd like a pineapple pizza.

난 원해   파인애플   피자를

그래. 이걸로
주문하자.

OK. Let's order this one.

그래   하자   주문   이것으로

나눠 먹을까?

Do you want to share?

넌   원하니?   나누기를

• share 나누다

디저트는 어떤 거
먹고 싶어?

What kind of dessert would you like?

어떤   종류의   디저트를   넌 원하니?

• dessert 디저트

초콜릿 푸딩
먹고 싶어요.

I'd like some chocolate pudding.

나는 원해   약간의   초콜릿   푸딩을

샐러드바 가자.

Let's go to the salad bar.

하자   가기를   에   샐러드바

물 갖다 줄까?

Do you want me to get you some water?

너는   원하니?   내가   갖다 주기를   네게   좀   물을

식사 예절

Finish all of your food.

얌전히 굴어야지.

Behave (yourself).

예의바르게 행동해

· behave 예의바르게 행동하다

돌아다니지 마.

Don't walk around.

마　　　　걷지　　여기저기

· walk around 돌아다니다

음식 다 먹어.

Finish all of your food.

끝내　　전부를 의 네　　음식

입에 음식 가득 넣고 말하지 마.

Don't talk with your mouth full.

마　　　말하지　채로　네　　입을　　가득 채운

너무 시끄럽게 말하면 안 돼.

Don't talk too loudly.

마　　　말하지　너무　크게

냅킨 필요해?

Do you need a napkin?

너는　　필요해?　냅킨이

네 접시에 있는 음식은 다 먹어야지.

Eat everything on your plate.

먹어　모든 걸　　위에 네　　접시

식사하기
Can I have a bite?

이거 정말 맛있어. **This is so tasty.**
이건　　　정말　맛있어

네 거는 어때? **How is yours?**
어때?　　　　네 거는

네 거 맛 좀 봐도 돼? **Can I taste yours?**
돼?　　내가 맛봐도　네 것을

이거 한번 먹어 봐. **Try this one.**
먹어 봐 이걸

* try는 '한번 시도해 보다'라는 의미가 있어요. 만일 백화점에서 옷을 한번 입어 보고 싶다면 May I try this on?(이거 한번 입어 봐도 돼요?)이라고 합니다.

한 입 먹어 봐도 돼요? **Can I have a bite?**
돼?　　　내가 먹어도　한 입을

* bite는 '물기, 한 입, 소량의 음식' 등 다양한 의미가 있어요. 여기서는 '한 입'이라는 뜻으로 쓰였고 have a bite는 '한 입 먹다'라는 의미를 나타냅니다.

한 모금 마셔. **Have a sip.**
마셔　　　한 모금
* sip 한 모금

그거
잘라 줄게.

Let me cut that for you.

해 줘　내가　자르게　그걸　위해 널

포크를 써 봐.

Use your fork.

써　네　포크를

이 소스에 찍어 먹어.

Dip it in this sauce.

찍어　그걸 이 소스에

*dip 살짝 담그다

빵 좀 더 먹을래?

Want some more bread?

원해?　조금　더 많은　빵을

이거 좀 더 먹어도
돼요?

Can I have some more of this?

돼?　내가 먹어도　좀　더　이걸

이거 다음에 또
먹고 싶어요.

I'd like to eat this again next time.

난 싶어　먹고　이걸　다시　다음　번에

물을 흘렸어요.

I spilt the water.

난 흘렸어　물을

직원에게 치워
달라고 부탁하자.

Let's ask the waitress to clean it up.

하자　부탁　직원에게　치우기를　이걸　* clean up ~을 치우다, 청소하다

놀 때 영어표현

07 놀이

Play

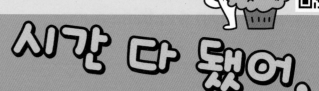

시간 다 됐어.

Time's up.

YouTube

Sophia English

놀자고 할 때
Let's play with me.

심심해?

Are you bored?
넌   지루하니?

* bored 지루해 하는

나랑 놀아요.

Let's play with me.
하자   놀기를   랑   나

너무 심심해요.

I'm so bored.
난   너무   지루해

할 게 하나도 없어요.

I have nothing to do.
난 없어   아무것도   할 게

* nothing 아무것도 ~이 아니다, 없다

뭐 하고 놀고 싶어?

What do you want to play?
무얼   넌   원해?   놀기를

엄마가 하고 싶은 거 뭐든지요.

Anything you want.
무엇이든   당신이   원하는

* anything 무엇, 아무것, 무엇이든

게임하고 놀아요.

Let's play a game.
하자   하기를   게임

뭐가 재미있을까?	**What would be fun to do?**
	무엇이　　재미있을까?　　　　　　　하기에

우리 뭐 해야 할까?	**What shall we do?**
	무엇을　　우리가 할까?

재미있는 거 해 볼까?	**Would you like to have some fun?**
	넌 싶니?　　　　　　갖고　　좀　　재미를　　•have fun 재미있게 놀다

게임 할까?	**Do you want to play a game?**
	너는　　원해?　　하기를　　게임을

좋아. 재미있게 놀아 보자!	**All right. Let's have fun!**
	좋아　　　　하자　　갖기를　　재미

만세!	**Hurray!**
	만세

 친구 소개 영상
Hang Out

소피아는 미국 친구들과 어떻게 노는지, 노는 영상들을 찍어봤어요. 미국 친구 사귈 때 영어로 어떻게 말하는지도 같이 배워 봐요.

놀기 힘들 때
Let's play later.

미안한데, 엄마가
지금 바빠.

I'm sorry, but Mom is busy now.

내가 미안해   하지만 엄마가   바빠   지금

* busy 바쁜

내가 너무 바쁘네.

I'm so busy.

내가   너무   바빠

지금은 너랑
놀아줄 수 없어.

I can't play with you now.

난 없어   놀 수   랑   너   지금

나중에 놀자.

Let's play later.

하자   놀기를   나중에

지금은 안 돼.

Not now.

아니야   지금은

가서 혼자 좀 놀아.

Please go play by yourself.

제발   가서   놀아   혼자서

* by oneself 혼자서

설거지하고
놀아 줄게.

I'll play with you after washing the dishes.

난 놀게   랑   너   후에   설거지한

* wash the dishes 설거지하다

잠깐만 기다려.

Please wait for me for a moment.

제발　　　기다려　　　나를　　　잠깐만

・for a moment 잠깐 동안

지금 당장 놀고
싶단 말이에요.

I wanna play right now.

난 원해　　　놀기를　　바로　　지금

내일도 있잖아.

There is always tomorrow.

있어　　　　　항상　　　내일이

내일은 너와 놀 거야,
약속해.

I'll play with you tomorrow, I promise.

나는 놀 거야　와　　너　　내일　　　나는 약속해

아빠한테
놀아 달라고 해.

Ask Daddy to play with you.

부탁해　　아빠한테　　놀아 달라고　　와　　너

・ask 부탁하다, 요청하다

너무 늦었어.
내일 놀자.

It's too late. Let's play tomorrow.

너무　　늦었어　　하자　　놀기를　　내일

삐치지 마.

Don't pout.

마　　　입 삐죽거리지

・pout 입술을 삐죽 내밀다

나는 가서 좀
쉬어야겠어.

I have to go rest.

나는 해　　　가서　　쉬어야

・have(has) to ~해야 한다

우리 충분히 놀았어.

We played enough.

우리는　놀았어　　충분히

나 완전히 뻗었어.

I'm totally exhausted.

난　　완전히　　진이 빠졌어

* exhausted 진이 다 빠진, 탈진한

혼자 놀아.

Play on your own.

놀아　너 혼자서

* on your own 너 혼자서

가서 하던 일
마저 끝내야 해.

I have to go and finish what I was doing.

난 해　　　가서　　끝내야　　것을　　내가 하고 있었던

시간 다 됐어.

Time's up.

시간이　끝났어

* up (기간이) 다 끝난, 다 된

약속 지켜야지.

You have to keep your promise.

넌　　해　　지켜야　　네　　약속을

* promise 약속

딱 한 번만 더요.

Just one more time, please.

딱　　한　　더　　번　　제발

숨바꼭질
Let's play hide-and-seek.

숨바꼭질 하자.

Let's play hide-and-seek.
하자　　놀기　　숨바꼭질하며

· hide 숨다 ǀ seek 찾다

내가 술래야.

I'll be it.
내가 술래야

· it 술래

가서 숨어 봐.

Go hide.
가서　　숨어

열까지 셀 거다.

I'm gonna count to ten.
난 거야　　　셀　　까지 열

어디 숨어야 할지
모르겠어요.

I don't know where to hide.
난 못해　　알지　　어디에　　숨을지

이제 찾는다.

Now I'm gonna find you.
이제　　난 거야　　찾을　　널

어디 있니?

Where are you?
어디에　　있니? 너는

| 어디 숨었을까? | **Where would you hide?** |
| | 어디에 　　　　 네가 　 숨었나? |

| 담요 밑에 있나? | **Are you under the blanket?** |
| | 있니? 넌 　 아래에 　 담요 |

| 옷장 안에 있나? | **Are you in the closet?** |
| | 있니? 넌 　 안에 옷장 |

• closet 옷장

| 커튼 뒤에 숨었겠지. | **You must be hiding behind the curtain.** |
| | 넌 　 틀림없이 　 숨었을 거야 　　 뒤에 　　 커튼 |

| 아휴, 아무 데도 없네. | **Oh, I can't find you anywhere.** |
| | 오 　 난 없어 　 찾을 수 널 　 어디에서도 |

| 어디 숨었니? | **Where are you hiding?** |
| | 어디에 　　 있니? 넌 　 숨어 |

| 나 여기 있어요. | **I'm here.** |
| | 난 있어 여기에 |

| 어, 어디서 소리가 나지? | **Oh, where is that sound coming from?** |
| | 오 　 어디서 　 저 　 소리가 　 나오고 있지? |

| 아, 발가락 끝이 보이네. | Oh, I can see the tip of your toes. |
| | 오, 난 있어 볼 수 끝을 의 네 발가락 |

• tip 끝

| 잡았다! | I got you! |
| | 내가 잡았다 너를 |

| 찾았다! | I found you! |
| | 내가 찾았다 너를 |

| 너 보인다! | I can see you! |
| | 난 있어 볼 수 너를 |

| 이제 내가 숨을게. | Now I'm going to hide. |
| | 이제 내가 거야 숨을 |

| 나를 찾아 봐. | Find me. |
| | 찾아 나를 |

▶ 영어놀이 컵케이크 만들기!
EMOJI CUPCAKE MUKBANG!

영어놀이 컵케익 만들기! 미국 원어민 소피아와 요리놀이!
재밌는 영어놀이로 일상 영어 회화 잘하는 법을 배워 봐요!
컵케이크 먹방도 짜잔! HOW TO MAKE EMOJI
CUPCAKE(MUKBANG)

가위바위보
Let's play rock, paper, scissors.

가위바위보 하자.

Let's play rock, paper, scissors.
하자　　놀이를　　바위　　보　　가위

• rock 바위 | scissors 가위

주먹을 쥐면 바위야.

It's rock when you make a fist.
그건 바위야　　때　　네가　　만들　　주먹을

• fist 주먹

이 두 손가락을
내면 가위야.

When you show these two fingers, it's scissors.
때　　네가　　보여 줄　　이　　두　　손가락을　　그건 가위야

보는 손을 짝
펼 때야.

Paper is when you stretch out your hand.
보는　　때야　　네가　　짝 펼　　네　　손을

• stretch out 짝 펴다

바위가 가위를 이겨.

Rock beats scissors.
바위가　　이겨　　가위를

• beat 이기다

우리 손을 동시에
내야 해.

We have to stretch our hands out at the same time.
우리는　　해　　펴야　　우리의 손을　　동시에

가위바위보!

Rock, paper, scissors!
바위　　보　　가위

안 돼, 너무 늦게 냈잖아.	No, you did it too late.
	아냐　년　했어　그걸 너무　늦게

속이지 마!	Don't cheat!
	마　속이지

*cheat 속이다

바꾸면 안 돼.	You should not change it.
	년　안 돼　바꾸면　그걸

한 번 더 하자.	Let's do it once again.
	하자　하기를 그걸 한 번　다시

아, 우리 같은 걸 냈네.	Oh, we threw the same ones.
	오　우린　던졌어　같은　걸

비긴 거야.	It's a tie.
	그건 무승부야

*tie 동점, 무승부

내가 이겼다!	I won!
	내가 이겼다

*win 이기다 (win-won-won)

어, 이번에 네가 이겼네.	Oh, you beat me this time.
	오　네가　이겼어　나를　이번에

Let's blow up the balloon.

풍선 불자.

Let's blow up the balloon.

하자　　불기를　　　풍선

· blow up 불다

난 풍선 부는 거 힘들어요.

It's hard for me to blow up a balloon.

어려워　　에게　나　부는 건　　　풍선을

나는 못 해요.

I can't do it.

나는 없어　할 수　그것을

풍선 불어 주세요.

Blow up a balloon for me.

불어 줘　　풍선을　　위해　나를

풍선이 점점 커지네.

The balloon is getting bigger.

풍선이　　　　되고 있어　　더 크게

* get 뒤에 비교급을 쓰면 '점점 더 ~하게 되다, ~해 지다'라는 뜻을 나타내요.

더 크게 불어 줘요.

Make it bigger.

만들어　그걸 더 크게

너무 커졌어.

It has gotten too big.

그건 됐어　　너무　크게

터지면 어떻게 해요? What if it bursts?

어떻게 해? 만약 그게 터지면

• what if 만약 ~하면 어쩌나 | burst 터지다, 터뜨리다

터질까? Is it gonna burst?

그게 터질까?

나는 그 소리 무서워요. I'm scared of the noise.

난 무서워 그 소리가

• noise (듣기 싫은) 소리, 소음

이제 그냥 풍선 묶자. Now let's just tie the balloon.

이제 하자 그냥 묶기를 풍선을

• tie 묶다

풍선을 쳐 봐. Hit the balloon.

쳐 풍선을

• hit 치다, 때리다

풍선이 천천히 올라갔다 내려와요. It floats up and down softly.

그게 떠다녀 위아래로 천천히

• float 떠다니다, 뜨다

풍선을 머리에 문질러 봐. Rub the balloon on your hair.

문질러 풍선을 위에 네 머리카락

머리카락이 섰어요! My hair stands up!

내 머리카락이 섰다

징전기야.

It's the static.

그게 정전기야

* static 정전기

정전기 때문에
머리카락이 선 거야.

It makes your hair stand up.

그건 만들어   네   머리카락을 서게

풍선을 너무 꽉
잡으면 터져.

If you grab the balloon too tightly, it's gonna pop.

만약 네가   잡으면   풍선을   너무   꽉   그건 터질 거야   * pop 터지다

터뜨려 봐요.

Make it burst.

만들어   그걸 터지게

귀 막아.

Cover your ears.

막아   네   귀를

* cover 가리다, 덮다

빵! 터졌다!

Bang! It burst!

빵   그게 터졌다

* bang 빵(하는 소리)

정말 소리가 커요.

It's really loud.

그건   정말   커

* loud (소리가) 큰, 시끄러운

귀 아파요.

My ears hurt.

내   귀가   아파

블록 놀이

I'd like to build something with blocks.

블록 쌓기 하고 싶어요.

I'd like to build something with blocks.
난 하고 싶어　쌓기를　　뭔가　　　　　으로　블록

엄마랑 쌓아 보자.

Let's stack them with Mommy.
하자　쌓기를　그걸　함께　엄마와

* stack 쌓다

뭐 만들고 싶은데?

What do you want to make?
뭘　　　넌　원해?　만들기를

성을 만들고 싶어요.

I want to make a castle.
난 원해　만들기를　성을

* castle 성

높이 만들 거예요.

I will make it high.
난 거야　만들　그걸 높이

이 위에 파란색 블록 올려 봐.

Put the blue block on this one.
놓아　파란　블록을　위에 이것

이 블록들이 안 맞아요.

These blocks don't fit together.
이　블록들이　안　맞아 서로

* fit 맞다

맞을 거야.
계속해 봐.

They will. Keep trying.

그것들은 맞을 거야 계속 시도해

어, 성이 흔들거려요.

Oh, the castle is wobbling.

오 성이 흔들리고 있어

• wobble 흔들흔들하다

기둥을 더 튼튼하게
만드는 게 좋겠다.

You'd better make the columns thicker.

넌 낫겠다 만드는 게 기둥을 더 두껍게

• column 기둥
• thick 두꺼운, 두툼한

지붕은 빨간 세모
블록을 써 봐.

Use the red triangle block for the roof.

사용해 빨간 세모 블록을 으로 지붕

• roof 지붕

이런, 무너졌네.

Oh, it fell.

오 이게 무너졌어.

괜찮아요. 다시 쌓을
수 있어요.

It's okay. I can stack them again.

괜찮아 난 있어 쌓을 수 그걸 다시

할 수 있는 한
높이 쌓아 봐.

Try stacking them as high as you can.

해 봐 쌓기를 그걸 높게 만큼 네가 할 수 있는

와, 멋진 성이
만들어졌네.

Wow, we have a wonderful castle.

와 우린 있어 멋진 성이

TV 보기
Can I watch TV?

TV 봐도 돼요?

Can I watch TV?
돼?　　내가 봐도　　TV를

응, 봐도 돼.

Yes, you can.
응　　　넌　　　봐도 돼

30분만 보기다,
괜찮지?

Only for a half hour, OK?
단지　　동안　　반　　시간　　　괜찮아?　　　　　　　　　　• half 반

TV 켜 봐.

Turn on the TV.
켜　　　　티비를　　　　　　　　　　　　　　　　　　• turn on 켜다

어떤 프로 보고 싶어?

Which show do you wanna watch?
어느　　프로　　넌　　원해?　　보기를　　　　　　　• show 프로그램

이거 내가 제일
좋아하는 프로예요.

This is my favorite show.
이건　　나의　제일 좋아하는　프로야

'타요' 보고 싶어?

Do you wanna watch *Tayo*?
넌　　원해?　　보기를　　'타요'

그 프로는 100번을 틀어 봐.

Turn to channel 100 for it.

돌려 으로 채널 100 위해 그걸

6번에서 뭐 해?

What's on channel 6?

무얼 해? 채널 6은

MBC 틀어 봐.

Tune into MBC.

틀어 로 MBC

* tune (채널을) 맞추다

'타요' 몇 번에서 하지?

What channel is *Tayo* on?

무슨 채널에서 '타요'가 해?

'겨울왕국' 하네.

Frozen is on.

'겨울왕국'이 하고 있어

* frozen 얼어 붙은, 꽁꽁 얼 것 같은
(영화 '겨울왕국'의 영어 제목)

이제 시작할 거야.

It's going to begin.

그거 거야 시작할

막 시작했다.

It has just started.

그게 막 시작했어

리모컨 어딨어?

Where is the remote?

어디 있어? 리모컨이

* remote 리모컨

리모컨 잃어버리지 마.

Don't lose the remote.
마　　　잃어버리지　리모컨을

TV 너무 가까이에서 보면 안 돼.

Don't look at the TV too closely.
마　　보지　티비를　　너무　가까이에서

TV에서 떨어져 앉아.

Keep your distance from the TV.
둬　　너의　거리를　　에서　TV　　• keep one's distance (~로 부터) 거리를 두다

눈 나빠져.

You're going to lose your eyesight.
너　거야　　잃게 될　네　시력을　　• eyesight 시력

똑바로 앉아서 봐야지.

Sit straight and watch.
앉아　똑바로　그리고　봐　　• straight 똑바로

너무 시끄럽네.

It's too loud.
너무　시끄러워

소리 좀 줄여.

Turn the volume down.
돌려　볼륨을　　낮게　　• turn down (소리, 온도 등을) 낮추다 | volume 음량, 볼륨

TV 본 다음에는 꺼.

Turn off the TV after watching it.
꺼　　티비를　후에　본　　그거

이제 끝났네. **Now it's over.**

이제　　　그거 끝났다　　　　　　　　　　　　　　　　　　　　• be over 끝나다

이제 TV 꺼. **Turn off the TV now.**

꺼　　　　티비를　　　이제

이제 그만 봐. **Stop watching.**

그만해　　보기를

TV 너무 많이 봤어. **You've watched the TV too much.**

넌　　　봤어　　　　　　　티비를　　　너무　　　많이

안 돼요. 아직
안 끝났어요. **No, it's not over yet.**

안돼　　그거　　안　　　끝났어　　아직

이 프로는 어린이들
보는 거 아냐. **This show is not for children.**

이　　　프로는　　　아니야　　어린이들용이

20분 동안만 보기로
약속했잖아. **You promised me to watch for 20 minutes.**

넌　　　약속했어　　　　내게　　보기를　　　동안　20분

5분만 더 볼 수
있어요? **Can I watch 5 more minutes?**

돼?　　내가 봐도　　5　더　　　분

음악 듣기, 춤추기
Dance *with* me!

무슨 노래 듣고 싶어?
What song do you want to listen to?

무슨 　　노래　　　넌　　원해　　듣기를

* listen 다음에는 반드시 전치사 to를 써야 해요. listen to the music(음악을 듣다), listen to me(내 말을 듣다)처럼 to를 붙여서 말할 수 있도록 많이 연습해 보세요.

우리 음악에 맞춰 춤출까?
Why don't we dance to music?

어때?　　　　우리　춤추는 거　맞춰 음악에

나랑 같이 춤추자!
Dance with me!

춤춰　　　함께　　나와

소리 좀 키워 볼래?
Would you raise the volume?

줄래?　　넌　　올려　　볼륨을　　　　　　　　　* raise 올리다, 높이다

몸을 흔들어 봐!
Shake your body!

흔들어　　네　　몸을

높이 뛰어 봐!
Jump up high!

뛰어　　위로　　높이

이렇게 팔을 움직여 봐.
Move your arms like this.

움직여　　네　　팔을　　처럼　　이것

| 정말 신나요! | **It's so fun!** |
| | 정말   재밌어 |

| 와, 정말 춤을 잘 춘다. | **Wow, you're a good dancer.** |
| | 와   넌   춤을 잘 춰 |

| 어떻게 춤추는지 가르쳐 줘. | **Teach me how to dance.** |
| | 가르쳐 줘   나에게   어떻게   춤추는지 |

| 엄마, 나처럼 해 봐요. | **Do as I do, Mom.** |
| | 해   대로   내가 하는   엄마 |

| 이렇게? | **Like this?** |
| | 처럼?   이것 |

| 이렇게 하면 되는 거야? | **Am I doing it right?** |
| | 있니?   내가 하고   그걸 맞게 |

| 이제 노래 끝났네. | **The song is over now.** |
| | 노래가   끝났어   이제 |

| 그 노래 한 번 더 틀어 주세요. | **Play the song once again.** |
| | 틀어   그 노래를   한 번   다시 |

엄마, 나랑 같이
춤춰요.

Dance with me, Mommy.

춤춰 　　　함께　　나와　　엄마

난 벌써 힘들어.

I already got tired.

난 벌써　　　　힘들어

잠깐 쉬어야겠다.

I need to take a break.

난 필요해　　·　취하는 게　휴식을　　　　　　　　· take a break 잠시 쉬다

잠깐 쉬자.

Let's take a break.

하자　　취하기를　휴식을

좀 앉자.

Let's just have a sit.

하자　　그냥　　앉기를　　　　　　　　　　　· have a sit 앉다

숨차?

Are you out of breath?

넌　　　숨이 차니?　　　　　　　　　　· out of breath 숨이 찬

숨을 깊이
들이 쉬어 봐.

Take a deep breath.

쉬어　　　깊은　　숨을　　　　　· take a deep breath 숨을 깊이 들이 쉬다, 심호흡하다

노래하기
Sing with me.

노래 따라 불러 보자.

Let's sing with the song.

하자　부르기를　함께　노래와

무슨 노래를 부를까?

What shall we sing?

무슨　우리 노래할까?

'곰 세 마리' 불러요.

Let's sing *The three bears*.

하자　노래　'곰 세 마리'

나랑 노래해.

Sing with me.

노래해　같이　나와

크게 불러 봐.

Sing out loud.

노래해　큰 소리로

* out loud 소리를 내어, 큰 소리로

목소리가 정말 예쁘네.

You have a great voice.

넌　있어　멋진　목소리가

* voice 목소리

네가 나보다 더 잘 부르는데.

You sing better than I do.

넌　노래해　더 잘　보다　내가 하는 것

네가 제일 좋아하는
노래 같이 부르자.

Let's sing your favorite song together.
하자   노래   너의   제일 좋아하는   노래를   같이

박자 맞춰 불러야지.

Sing to the beat.
노래해   맞춰 박자에

• beat 박자, 비트

음정이 안 맞잖아.

You're singing off-key.
넌   노래하고 있어   음정 안 맞게

• off-key 음정이 안 맞는

이 노래는 저한테
너무 높아요.

This song is too high for me.
이   노래가   너무   높아   에게   나

배에 힘을 주고
불러 봐.

Tighten your tummy and sing.
힘을 줘   네   배에   그리고   노래해

• tighten 팽팽하게 하다, 팽팽해지다
• tummy 배

제대로 불러야지.

Sing properly.
노래해   제대로

• properly 제대로, 잘

내 마음대로 부를
거예요.

I'll sing as I want to.
난 부를 거야   대로   내가 원하는

그냥 1절만 부르자.

Let's just sing the first verse.
하자   그냥   노래   첫 번째   절을

• verse 절

가사를 모르겠어요.	**I don't know the words.**	
	난 안 알아 가사를	• words (노래의) 가사

가사 잊어버렸어?	**Have you forgotten the lyrics?**	• forget 잊다, 잊어버리다
	넌 잊었어? 가사를	(forget–forgot–forgotten)
		• lyrics 가사

왜 이 노래만 부르니?	**Why do you sing only this song?**	
	왜 넌 노래해? 단지 이 노래만	

엄마 이 노래 지겨워.	**I'm tired of this song.**	
	난 지겨워 이 노래가	• tired of 지겨운

나는 이 노래가 제일 좋아요.	**I like this song the best.**	
	난 좋아 이 노래가 제일	

나는 이 노래가 싫어요.	**I don't like this song.**	
	난 안 좋아 이 노래가	

나는 노래하는 게 좋아요.	**I like singing.**	
	난 좋아 노래하는 게	

이거 재미있어요.	**This is fun.**	
	이건 재밌어	

For Babies 까꿍 놀이

Peek-a-boo!

짝짜꿍짝짜꿍.

Clap, clap, clap your hands.

짝 짝 쳐 네 손을

• clap 손뼉치다

곤지곤지.

Poke, poke, poke your palm.

찔러 찔러 찔러 네 손바닥을

• poke 쿡 찌르다 | palm 손바닥

도리도리.

Shake, shake, shake your head.

흔들어 흔들어 흔들어 네 머리를

• shake 흔들다

잼잼.

Open your hands, close your hands.

펴 네 손을 접어 네 손을

까꿍!

Peek-a-boo!

까꿍

엄마 안 보이지,
그렇지?

You can't see me, can you?

넌 없어 볼수 나를 그렇지?

네가 안 보여!

I can't see you!

난 없어 볼수 널

야외 놀이 영어표현

08 야외 놀이

나가자.

Play Outside

Let's go out.

You Tube

Sophia English

Let's go to the playground.

놀이터 가요.	**Let's go to the playground.**
	하자 가기를 에 놀이터

• playground 놀이터

좋아. 오늘은 놀이터에 나가 보자.	**Okay. Let's go out today.**
	좋아 하자 나가기를 오늘

정말 신나 보이네.	**You look so excited.**
	넌 보여 정말 신나게

• excited 신이 난, 들뜬

그네 타고 싶어요.	**I'd like to play on the swing.**
	난 싶어 그네를 타고

• play on the swing 그네를 타다

그네 타 봐.	**Get on the swing.**
	타 그네에

밀어 줄게.	**Let me push you.**
	해 줘 내가 밀게 너를

꼭 잡아.	**Hold on tight.**
	잡아 꽉

• hold on ~을 계속 잡고 있다

너무 세게 밀지 마세요.	**Don't push me too hard.**
	마 밀지 날 너무 세게

세게 안 밀어. 무서워하지 마.	**I won't. Don't be afraid.**
	난 안 해 마 무서워하지

정말 재미있다!	**It's so fun!**
	정말 재있다

하늘을 나는 거 같아요!	**I feel like I am flying!**
	난 느껴 처럼 내가 나는 것

앞으로, 뒤로!	**Back and forth!**
	뒤로 그리고 앞으로

* forth 앞으로

너무 높아요!	**It's too high!**
	너무 높아

알았어. 속도 늦출게.	**All right. I'll slow it down.**
	알았어 내가 늦출게 그걸

* slow down (속도, 진행을) 늦추다

내릴래요.	**I wanna get off.**
	난 원해 내리기를

* get off 내리다

미끄럼틀 타러 가요.	**Let's play on the slide.**	
	하자　　　미끄럼틀 타기를	• play on the slide 미끄럼틀 타다

계단으로 올라가 봐.	**Go up the stairs.**	
	가　　위로　계단	• stair 계단

거기 앉아서 타고 내려와 봐.	**Sit there and slide down.**	
	앉아　거기　　그리고　미끄러져 내려가	• slide down 미끄러져 내려가다

날 잡아 주세요!	**Catch me!**	
	잡아　　날	• catch 잡다

이제 시소 타자.	**Let's ride the seesaw now.**	
	하자　타기를　시소　　　　이제	• ride 타다 ㅣ seesaw 시소

다른 쪽에 앉아 봐.	**Sit on the other side.**	
	앉아　위에　　다른　쪽	

오르락내리락, 오르락내리락!	**Up and down and up and down!**	
	위와　　　아래로　그리고　위와　　아래로	

다리 아파요.	**My legs hurt.**	
	내　다리가　아파	

Let's build a sandcastle.

모래 갖고 놀까?
Would you like to play in the sand?
너 싶니?   놀고   에서 모래   • sand 모래

모래 쥐어 봐.
Grab some sand.
움켜 잡아   좀   모래를   • grab 움켜 잡다

느낌이 어때?
How does it feel?
어떻게   그걸 느끼니?

부드러워요.
It's soft.
그거 부드러워

간지러워요!
It's tickling me!
그건 간지럽혀   나를   • tickle 간질이다, 간질간질하다

모래성 쌓아 보자.
Let's build a sandcastle.
하자   짓기를   모래성
• build 짓다, 세우다 (build-built-built)
• sandcastle 모래성

모래를 높이 더 높이 쌓아 봐.
Gather the sand higher and higher.
모아   모래를   높이 더 높이

조심조심 두드려 봐.	**Pat it carefully.**	
	토닥거려 그걸 조심스럽게	* pat 토닥거리다

오~ 안 돼! 무너졌어요.	**Oh no! It fell down.**	
	아 안 돼 그게 무너졌어	* fall down 쓰러지다

와, 멋진 성을 만들었네.	**Wow, you built a wonderful castle.**	
	와 넌 지었어 멋진 성을	

이제 뭘 만들까?	**What are we going to make now?**	
	뭘 우리 만들까? 이제	

그냥 구멍 팔 거예요.	**I'll just dig a hole.**	
	난 그냥 팔 거야 구멍을	* dig 파다

삽이랑 양동이 줄까?	**You want the shovel and the bucket?**	
	넌 원해? 삽과 양동이를	* shovel 삽 ∣ bucket 양동이

삽으로 모래를 파 봐.	**Dig the sand with the shovel.**	
	파 모래를 으로 삽	

그리고 양동이에 모래를 담아.	**And put it in the bucket.**	
	그리고 담아 그걸 안에 양동이	

양동이가 꽉 찼네. **The bucket got full.**

양동이가 · 졌어 · 가득해 · full 가득한, 빈 공간이 없는

이제 모래 쏟아 봐. **Pour it out now.**

쏟아 · 그걸 밖으로 · 지금 · pour 쏟다

손이 더러워졌어요. **My hands got dirty.**

내 · 손이 · 졌어 · 더러워

온 몸이 모래투성이네. **You're covered all over with sand.**

넌 · 덮였어 · 전체가 · 로 · 모래 · be covered with ~으로 뒤덮이다

모래가 눈에 들어갔어요. **I got sand in my eye.**

난 있어 · 모래가 · 안에 내 · 눈

안 돼, 얼굴 만지지 마. **No, don't touch your face.**

안 돼 · 마 · 만지지 · 네 · 얼굴을

물로 눈을 씻어 내라. **Rinse your eye with water.**

헹궈 · 네 · 눈을 · 로 · 물

손에 묻은 모래 털어. **Shake the sand off your hands.**

털어 · 모래를 · 에서 네 · 손 · shake off ~에서 털어내다

Look, there's a fountain.

저기 봐, 분수가 있네.	**Look, there's a fountain.**
	봐 　　　　있어 　　　　분수가

• fountain 분수

분수에서 물이 솟아 나오네.	**The water is bubbling out of the fountain.**
	물이 　　　　넘쳐 나오고 있어 　　　밖으로 에서 분수

• bubble out 부글부글 넘쳐 나오다

나 들어갈래요.	**I'm gonna get in.**
	난 거야 　　　　들어갈

와, 시원하겠다!	**Wow, it looks cool!**
	와 　　그거 보여 　시원하게

• cool 시원한

엄마한테 물 튀기지 마!	**Don't splash the water on me!**
	마 　튀기지 　물을 　　　에게 나

• splash (물을) 튀기다

앗, 차가워!	**Oh, it's cold!**
	오 　그건 차가워

햇볕이 너무 센데.	**The sun is too strong.**
	해가 　　　너무 강해

10분 후에는 나와.

Get out in ten minutes.

나와   후에 10   분

너무 오래 놀지 말고.

Don't play too long.

마   놀지   너무   오래

그러다 병 난다.

You're going to get sick.

넌   될 거야   병나게

* get sick 병에 걸리다

더 놀고 싶어요.

I wanna play more.

난 원해   놀기를   더

나와. 감기 걸려.

Get out. You're gonna get a cold.

나와   넌   거야   걸릴   감기에

* get a cold 감기에 걸리다

얼굴 좀 봐. 탔어.

Look at you. You got a tan.

봐   너를   넌   탔어

* get a tan (햇볕에) 타다

수건으로 닦아 줄게.

Let me dry you with a towel.

해 줘 내가   말리게 널   으로   수건

너무 재밌었어요!
다음 주에 또 해요.

It was so fun! Let's do it again next week.

그거   너무 재밌었어 하자   그걸 다시   다음   주에

Look! I made a huge bubble!

비눗방울 불고 싶어? Would you like to blow bubbles?
넌 싶니? 불고 비눗방울을
• bubble 비눗방울

흘리지 않게 조심해. Try not to spill it.
해 봐 안 흘리게 그걸

살짝 불어 봐. Blow softly.
불어 살짝
• softly 부드럽게

와, 정말 예쁘다! Wow, it's so beautiful!
와 그거 정말 예쁘다

비눗방울들이 날아다니네. The bubbles are flying around.
비눗방울들이 날아다녀
• fly around 날아다니다

비눗방울 건드려 봐. Touch a bubble.
건드려 비눗방울을

비눗방울들이 너무 빨리 터지네! The bubbles are popping so quickly!
비눗방울들이 터지고 있어 너무 빨리
• pop 펑하고 터지다

비눗방울 안에 무지개 보여?

Can you see the rainbow in the bubble?
있니? 넌 볼 수 무지개를 안에서 비눗방울

* rainbow 무지개

내가 조금 불어도 돼?

Can I blow some?
돼니? 내가 불어도 조금

이것 봐! 내가 엄청 큰 비눗방울 만들었어!

Look! I made a huge bubble!
봐 내가 만들었어 엄청 큰 비눗방울을

* huge 엄청난, 거대한

비눗방울 잡아 봐.

Catch the bubbles.
잡아 비눗방울들을

밖에서 비눗방울 부니까 좋네.

It's good to blow bubbles outside.
좋다 부는 게 비눗방울을 밖에서

햇빛 아래에서는 훨씬 더 예쁘네.

They are much prettier under the sun.
그것들은 훨씬 더 예뻐 아래서 햇빛

* prettier는 비교급으로 '더 예쁜'이라는 뜻을 나타내요. 이 말을 강조하려면 앞에 much, still, far 등을 써주면 됩니다. 따라서 much prettier는 '훨씬 더 예쁜'이라는 의미가 되지요.

손이 미끄러워요.

My hands are slippery.
내 손이 미끄러워

* slippery 미끄러운

이리 와, 손 닦아 줄게.

Come, let me wipe your hands.
와 해 줘 내가 닦게 네 손을

꽃놀이

The flowers are blooming.

이제 봄이야.

It's spring now.

봄이야   이제

• spring 봄

점점 더 따뜻해지네.

It's getting warmer and warmer.

지고 있어   따뜻하고   더 따뜻해

• warm 따뜻한

우리 외출할까?

Why don't we go outside?

어때?   우리   나가는 게 밖으로

공원에 가서
꽃구경 하자.

Let's go to the park and look at some flowers.

하자   가기를 에   공원   그리고   보자   좀   꽃을

자전거 탈까?

How about riding a bike?

어때?   타기는   자전거

• ride 타다 I bike 자전거

숨을 들이쉬어 봐.
상쾌해.

Breathe in the air. It's fresh.

들이쉬어   공기를   상쾌해

• breathe in 숨을 들이쉬다

와, 저 꽃들 봐.

Wow, look at the flowers.

와   봐   꽃들을

꽃이 피고 있네.

The flowers are blooming.

꽃들이 　　　　　　 피고 있어

* bloom 꽃이 피다

공원이 꽃천지네.

The park is full of flowers.

공원은 　　　 가득해 　 꽃들로

* be full of ~으로 가득 차 있다

봄은 너무
아름다운
계절이에요.

Spring is such a beautiful season.

봄은 　　　 정말 　　 아름다운 　　　 계절이야

꽃들이 정말
아름다워요.

The flowers are so beautiful.

꽃들이 　　　　　　 정말 　 아름다워

이 꽃은 너처럼
예쁘네.

This flower is as pretty as you.

이 　　 꽃은 　　　　 예뻐 　 처럼 　 너

* as ~ as ... …만큼 ~한

넌 이 꽃보다
훨씬 더 예뻐.

You are much prettier than this flower.

넌 　　　 훨씬 　 더 예뻐 　　 보다 　 이 　　 꽃

이게 무슨
꽃인지 알아?

Do you know what this flower is?

넌 　　 아니? 　 무엇 　 이 　 꽃이 　　 인지

이건 벚꽃이야.

These are cherry blossoms.

이것들은 　　　 벚꽃이야

* cherry blossoms 벚꽃

꽃 냄새 맡아 봐.

Smell the flowers.

냄새 맡아　꽃을

* smell 냄새를 맡다

향기로운
냄새가 나요.

They smell sweet.

그것들은　냄새 나　향기로운

* sweet 향기로운, 달콤한

이 꽃은 무슨
색이지?

What color are these flowers?

무슨　색이야?　이　꽃들은

내가 가장 좋아하는
분홍색이에요.

They're pink, my favorite color.

그것들은　분홍색이야　나의　가장 좋아하는　색인

나무들도 다 싹을
틔우기 시작하는
구나.

All the trees are beginning to bud, too.

모든　나무들이　시작해　싹을 틔우기　역시

* bud 싹(을 틔우다)

새싹도 꽃만큼
예쁜단다.

The new buds are as pretty as flowers.

새로운　싹은　예뻐　만큼 꽃들

이 새싹들은 초록색
잎으로 자랄 거야.

These buds are going to grow into green leaves.

이　싹들은　거야　자랄　으로　초록색　잎들로

꽃 꺾지 마.

Don't pick the flowers.

마　꺾지　꽃들을

* pick (꽃, 과일을) 꺾다, 따다

가지를 꺾으면 안 돼.

You should not break the branches.

넌 안 돼 부러뜨리면 가지를

• break 부수다, 깨다 l branch 가지

엄마, 벌레예요!

Mom, a bug!

엄마 벌레야

• bug 벌레

그거 벌이야.

That's a bee.

그건 벌이야

벌을 조심해!

Watch out for bees!

조심해 벌들을

• watch out for ~에 대해 주의하다

벌은 널 쏠 수 있어.

Bees can sting you.

벌들은 있어 쏠 수 널

• sting 쏘다, 찌르다 (sting-stung-stung)

가까이 가지 마.

Don't get close.

마 가지 가까이

• get close 가까이 가다

벌들은 꽃이 피는데 도움을 준단다.

Bees help flowers to bloom.

벌들은 도와 꽃들이 피게

Let's have fun at the swimming pool.

올 여름은 정말 더워.

It's very hot this summer.
매우　　더워　이번　여름은

• hot 더운 | summer 여름

오늘 정말 덥다.

It's really hot today.
정말　　더워　오늘

수영장 가서
재미있게 놀자.

Let's have fun at the swimming pool.
하자　　재있게 놀기를　　　에서 수영장

• swimming pool 수영장

수영복 입는 거
도와줄게.

Let me help you put on your swimming suit.
해 줘　내가　돕게　네가　입는 것을　　네　　수영복을

수영 모자 쓰는 것도
도와주세요.

Help me with the cap, too.
도와줘　날　수영 모자도　　　　역시

* help me with ~는 '내가 ~하는 것을 도와 줘'라는 뜻입니다. 따라서 여기서는 '내가 수영 모자 쓰는 것을 도와 줘.'라는 의미가 돼요.

수영하기 전에
준비 운동하자.

Let's stretch before swimming.
하자　스트레칭을　전에　　수영하기

네가 원하면 튜브
안에 들어가도 돼.

You can get in the tube if you want.
넌　　있어　들어갈 수 안에 튜브　　　만일 네가　원하면

이제 물에 들어가.

Get into the water now.

들어가 안으로 물 이제

시원하다, 그렇지?

It's cool, isn't it?

시원해 그렇지?

둥둥 뜨네.

You're floating.

넌 뜨고 있어 · float 둥둥 뜨다

튜브 벗고 싶어요.

I wanna take off the tube.

난 원해 벗기를 튜브

여기서 수영할 수 있어요.

I can swim here.

난 있어 수영할 수 여기서

와, 수영 잘하네.

Wow, you are a good swimmer.

와 넌 수영을 잘 하는 사람이야

깊은 곳에는 가지 마.

Stay away from the deep water.

떨어져 있어 에서 깊은 물 · stay away from ~에서 떨어져 있다

잠수할 수 있어?

Can you hold your breath under the water?

있니? 넌 참을 수 너의 숨을 아래에서 물 · hold one's breath 숨을 참다

물에 머리를 넣어 봐. **Dip your head in the water.**
넣어 네 머리를 안에 물

숨을 참아 봐. **Hold your breath.**
참아 네 숨을

얼마나 길게 숨을 참을 수 있니? **How long can you hold your breath?**
얼마나 오래 있니? 네가 참을 수 네 숨을

와, 5초 동안 있었네! **Wow, you stayed under for five seconds!**
와 넌 있었어 아래에 동안 5초
• stay 머무르다, 있다

우리 서로 물 튀기기 하자. **Let's splash the water on each other.**
하자 튀기기를 물 에게 서로
• each other 서로

첨벙 첨벙! **Splash, splash!**
첨벙 첨벙

숨을 못 쉬겠어요. **I can't breathe.**
난 없어 숨쉴 수

나가서 좀 쉬자. **Let's go out and take a break.**
하자 나가서 취하기를 휴식

Let's walk on the fallen leaves.

| 가을에는 선선해. | **It's cool in fall.** |
| | 시원해   에   가을 |

• cool 시원한, 서늘한 | fall 가을

| 나무들이 무척 알록달록 하구나. | **The trees are so colorful.** |
| | 나무들이   매우   알록달록해 |

• colorful 알록달록한, 화려한

| 나뭇잎들에 단풍이 들었네. | **The leaves have turned red and yellow.** |
| | 잎들이   변했어   빨강과   노랑으로 |

• turn 변하다

| 단풍잎이 빨갛게 물들었어. | **The maple leaves have turned red.** |
| | 단풍나무   잎들이   변했어   빨갛게 |

• maple 단풍나무

| 은행잎이 노랗게 물들었어. | **The ginkgo leaves have turned yellow.** |
| | 은행나무   잎들이   변했어   노랗게 |

• ginkgo 은행나무

| 나뭇잎들이 떨어지고 있어요. | **Leaves are falling.** |
| | 잎들이   떨어지고 있어 |

• fall 떨어지다, 내리다

| 낙엽을 밟아 보자. | **Let's walk on the fallen leaves.** |
| | 하자   걷기를   위에서   떨어진   잎들 |

• fallen leaves 낙엽

재미있어요!	**It's interesting!**	
	그거 재미있어	* interesting 재미있는, 흥미로운

무슨 소리가 나?	**What does it sound like?**	
	무엇 그건 소리 나? 처럼	

바스락 바스락!	**Crunch, crunch!**	
	바스락 바스락	* crunch 바삭바삭 소리를 내다, 바삭바삭 밟는 소리

느낌은 어때?	**How does it feel?**
	어떻게 그건 느껴져?

푹신해요.	**It feels soft.**
	그건 느낌이 나 부드러운

예쁜 잎들을 주워 봐.	**Pick up some pretty leaves.**	
	주워 좀 예쁜 잎들을	* pick up 집다, 들어올리다

잎으로 책갈피를 만들 수 있단다.	**You can make bookmarks with leaves.**	
	넌 있어 만들 수 책갈피를 로 잎들	* bookmark 책갈피

나뭇잎들을 (납작하게) 눌러서 더 오래 가게 만들 수 있어.	**You can press leaves to make them last longer.**
	넌 있어 누를 수 잎들을 만들게 그걸 가게 더 오래

눈놀이

Let's make a snowman.

날씨가 추워지네.
이제 겨울이야.

It's getting cold. It's winter now.

날씨가 지고 있어   추워   겨울이야   이제

*cold 추운 | winter 겨울

바깥 날씨가
정말 추워.

It's freezing cold outside.

얼듯이 추워   바깥이

*freezing 꽁꽁 얼게 추운

바깥 좀 봐!

Look outside!

봐   밖을

눈이 오네.

It's snowing.

눈이 오고 있어

지난밤에 눈이
많이 왔네.

It snowed a lot last night.

눈이 왔어   많이   어젯밤에

나가서 놀아요!

Let's go out and play!

하자   나가서   놀기를

밖이 추우니까
따뜻하게 입어야 돼.

It's cold outside so you should put warm clothes on.

추워   밖은   그래서 넌   돼   입어야   따뜻한   옷을

장갑이랑 모자도 쓰고.	**Put on the gloves and hat, too.**
	착용해 장갑과 모자를 또한

눈 천사를 만들어 보자.	**Let's make snow angels.**
	하자 만들기를 눈 천사

* snow angel은 눈 위에 누워서 팔다리를 위아래로 휘저으면 천사 날개처럼 눈 위에 생기는 자국을 말해요.

눈사람 만들자.	**Let's make a snowman.**
	하자 만들기를 눈사람

작은 눈덩이를 만들어서 눈 위에 굴려.	**Make a small snowball and roll it on the snow.**
	만들어 작은 눈덩이를 그리고 굴려 그걸 위에 눈 * snowball 눈뭉치

눈덩이가 점점 더 커져.	**The snowball is getting bigger.**
	눈덩이가 되고 있어 더 크게

* get+비교급은 '점점 더 ~해지다'라는 뜻을 나타냅니다. get fatter(점점 더 뚱뚱해지다), get colder(점점 더 추워지다) 처럼 표현을 연습해 보세요.

너무 커져서 더 이상 못 굴리겠다.	**It got too big to roll any more.**
	그게 돼서 너무 크게 굴릴 수 없어 더 이상 * too ~ to... 너무 ~해서 …할 수 없다

눈사람 머리로 하나 더 만들어 봐.	**Make another snowball for its head.**
	만들어 다른 눈덩이를 로 그것의 머리

이거 들어 올리자.

Let's lift this one up.

하자   들기를 이것을   위로

• lift up 들어 올리다

이걸 몸체 위에
올려 놔.

Put this on top of the body.

놓아   이걸   위에   몸통의

• on top of ~의 위에

가서 나뭇가지
좀 주워 와.

Go pick up some twigs.

가서   주워   좀   가지를

• twig (나무의) 잔가지

눈사람 눈, 코, 입을
만들어 주자.

Let's make eyes, a nose and a mouth for him.

하자   만들기를   눈   코   그리고   입을   위해   그를

팔도 두 개
만들어 주자.

Now make him two arms.

이제   만들어 주자   그에게   두   팔을

이 굵은 것들은
양 옆에다 찔러
넣어.

Stick these thick ones on the sides.

찔러   이   굵은   것들을   양 옆에

• stick 찌르다

와, 눈사람 만들었다!

Wow, we made a snowman!

야   우린   만들었어   눈사람을

눈싸움해요.

Let's have a snowball fight.

하자   눈싸움을

• have a snowball fight 눈싸움하다

할 수 있으면 나를 공격해 봐.

Hit me if you can.
맞혀   나를   만약 네가   할 수 있으면

미리 눈뭉치를 좀 만들어 둬.

Make some snowballs beforehand.
만들어   좀   눈뭉치들을   미리

• beforehand 사전에, 미리

준비됐어? 시작!

Ready? Go!
준비됐어?   시작

눈뭉치 던져!

Throw the balls!
던져   뭉치들을

• throw 던지다

아야! 네가 이기고 있어!

Ouch! You're winning!
아야   네가   이기고 있어

• Ouch 아야 (갑자기 아파서 지르는 소리)

네가 이겼어. 내가 졌네!

You got me. I lost!
넌   이겼어   날   내가 졌어

• lose 지다 (lose-lost-lost)

이야! 내가 이겼다!

Yay! I won!
이야   내가 이겼다

몸이 따뜻해지게 안으로 들어가서 핫초코 마시자.

Let's go inside to warm up and get some hot chocolate.
하자   가기를 안으로   따뜻해지게   그리고   마시자   좀   핫초코를

 소피아랑 미국 유니버셜 스튜디오 ♡
해리포터 랜드 놀이동산으로 출발!
UNIVERSAL STUDIOS
Hollywood Harry Potter

소피아랑 미국 유니버셜 스튜디오 해리포터 랜드로 출발!
해리포터를 만나고 왔어요!
새로 오픈한 해리포터존에서 마법사도 되어 보고, 놀이동산을 갔을 때 할 수 있는 영어표현도 같이 알아봐요.
그럼 소피아랑 같이 유니버셜 스튜디오로 떠나 볼까요?

해리포터존
(Harry Potter Zone)

워터월드(Water World)
공연

심슨라이드(The
Simpsons Ride)

센토사 캔디샵
(candylicious)

운동할 때 영어표현

몸을 뒤집어.
Turn over.

You Tube

Sophia English

Stand up straight.

| 똑바로 서 봐. | **Stand up** straight. |
| | 서   똑바로 |

• straight 똑바로

| 등을 똑바로 펴 봐. | **Straighten** your back. |
| | 바로 해   네   등을 |

• straighten (자세를) 바로 하다 I back 등, 허리

| 턱 들어 봐. | **Lift** your chin. |
| | 들어   네   턱을 |

• chin 턱

| 팔을 들어 봐. | **Raise** your arms. |
| | 들어   네   팔을 |

| 뒤로 돌아 봐. | **Turn** around. |
| | 뒤로 돌아 |

• turn around 뒤로 돌다

| 빙빙 돌아 봐. | **Spin** around. |
| | 빙빙 돌아 |

• spin (같은 자리를) 돌다

| 반듯이 누워 봐. | **Lie** on your back. |
| | 누워   으로   네   등 |

• lie 눕다

엎드려 봐.

Lie on your stomach.

누워   로   네   배

* stomach 배, 위

몸을 뒤집어.

Turn over.

뒤집어

* turn over 몸을 뒤집다

앉아.

Sit down.

앉아   아래로

팔을 앞으로 뻗어.

Stretch out your arms forward.

쭉 뻗어   네   팔을   앞으로

* stretch out 쭉 뻗다 | forward 앞으로

오른발을 한 발짝 앞으로.

Step your right foot forward.

디뎌   네   오른   발을   앞으로

* step 발을 내디디다, 걸음을 옮기다

무릎을 굽혀.

Bend your knees.

굽혀   네   무릎을

* bend 굽히다 | knee 무릎

목을 돌려.

Roll your neck.

돌려   네   목을

머리를 뒤로 젖혀.

Drop your head backward.

떨궈   네   머리를   뒤로

* backward 뒤로

운동 전에 몸을 풀자.

Let's warm up before exercising.
하자   몸풀기를   전에   운동하기

• warm up 몸을 풀다, 데우다

다리를 모으고 서 봐.

Stand with your feet together.
서   채로   네   발을   모은

천장으로 팔을 쭉 뻗어 봐.

Stretch your arms to the ceiling.
뻗어   네   팔을   으로 천장

• ceiling 천장

상체를 오른쪽으로 굽혀.

Bend your upper body to the right.
굽혀   네   상체를   으로 오른쪽

• upper 위의

다섯 번 천천히 숨쉬어.

Take five slow breaths.
쉬어   다섯 번   천천히   숨을

이제 왼쪽으로 같은 걸 반복해서 해.

Now repeat the same thing on the left side.
이제   반복해   같은   걸   왼쪽으로

• repeat 반복하다

서두를 필요 없어. 천천히 해.

No need to rush. Take your time.
없어   필요가   서두를   가져   네   시간을

• rush 서두르다

손목, 발목을 돌려 봐. **Roll your wrists and ankles.**

돌려　네　손목과　　발목을

*wrist 손목 | ankle 발목

머리를 시계 방향으로 돌려 봐. **Roll your head clockwise.**

돌려　네　머리를　시계 방향으로

*clockwise 시계 방향으로

이제 허리를 시계 반대 방향으로 돌려 봐. **Now roll your waist counterclockwise.**

이제　돌려　네　허리를　시계 반대 방향으로

*counterclockwise 시계 반대 방향으로

어깨를 귀 쪽으로 으쓱해 봐. **Raise your shoulders to your ears.**

올려　네　어깨를　으로 네　귀쪽

이제 어깨 내리고. **Now pull your shoulder down.**

이제　내려　네　어깨를　아래로

앞으로 숙여서 발가락에 손을 대. **Lean over and touch your toes.**

앞으로 굽혀　그리고　건드려　네　발가락을

*lean over 앞으로 굽히다

멈추고 다섯까지 세. **Hold and count to five.**

멈춰　그리고　세　까지 다섯

*hold 멈추다

10초 동안 멈춰. **Hold for 10 seconds.**

멈춰　동안　10초

팔을 앞으로 뻗어.

Extend your arms to the front.

뻗어　　　네　　　팔을　　　으로 앞쪽

* extend 뻗다

손가락을 깍지 껴 봐.

Lace your fingers.

깍지 껴　　네　　손가락을

* lace (손을) 깍지 끼다

손바닥은 앞으로
향하게 해서.

With your palms facing forward.

상태로　　네　　손바닥이　　향한　　앞으로

* palm 손바닥 | face ~를 향하다

* ~한 채로 다른 일을 동시에 할 때 전치사 with를 써서 말해 보세요. '입을 벌리고'는 with your mouth open, '눈을 감고서'는 with your
eyes closed와 같이 말하면 돼요.

팔을 더 멀리 밀어.

Push your arms further.

밀어　　　네　　　팔을　　　더 멀리

* further 더 멀리

반대쪽으로 반복해.

Repeat on the opposite side.

반복해　　　으로 반대의　　　　　쪽

* opposite 반대의

이제 심호흡하자.

Now take a deep breath.

이제　　　쉬어　　　깊은　　　숨을

* deep breath 심호흡

천천히 숨을
들이 마셔.

Breathe in slowly.

들이 마셔　　　　천천히

천천히 내쉬고.

Breathe out slowly.

내쉬어　　　　천천히

산책 가자.

Let's take a walk.

하자　산책하기를

• take a walk 산책하다

저 길 따라 걸어가자.

Let's walk along the path.

하자　걷기를　따라　길을

엄마랑 발맞출 수 있어?

Can you keep in step with Mommy?

있니?　넌　맞출 수　걸음을　와　엄마

• keep in step 보조를 맞추다

좀 더 빨리 걸을 수 없어?

Aren't you able to walk faster?

없니?　넌　걸을 수　더 빨리

엄마가 너무 빨리 걷잖아요.

You're walking too fast.

당신은　걷고 있어　너무　빨리

걷는 건 좋은 거야.

Walking is good for you.

걷기는　좋아　에게 너

얼마나 걸을 거예요?

How far are we going to walk?

얼마나　멀리　우린　걸을 거야?

그럼 뛰어 볼까?

Why don't we jog then?

어때? 우리 조깅하는 건 그럼

* jog 조깅하다, 뛰다

너무 재미없어?

Is it too boring?

그건 너무 지루해?

* boring 지루한

그럼 달리기 할까?

How about running then?

어때? 달리는 건 그럼

저 나무까지
달려 보자.

Let's run to that tree.

하자 달리기를 까지 저 나무

최대한 빨리 달려 봐.

Run as fast as you can.

달려 빨리 만큼 네가 할 수 있는

달리기 시합해 보자!

Let's race!

하자 경주하기를

* race 경주하다, 달리기 시합

와, 네가 나보다
빨리 달리는 걸!

Wow, you run faster than me!

와 넌 달려 더 빨리 보다 나

내가 이겼다!

I won!

내가 이겼어

달리기가 훨씬 더 재있어요.

Running is much more exciting.

달리기는 훨씬 더 신나

*exciting 신나는, 흥미진진한

숨 안 차니?

Aren't you out of breath?

안 너는 숨차니?

*out of breath 숨찬

난 숨이 차.

I'm breathless.

난 숨이 차

*breathless 숨찬

난 괜찮아요.

I'm okay.

난 괜찮아

폴짝, 폴짝, 폴짝!

Hop, hop, hop!

폴짝 폴짝 폴짝

그 웅덩이 뛰어 넘을 수 있어?

Can you jump over the puddle?

있니? 넌 뛸 수 너머 웅덩이

*jump over 뛰어넘다 I puddle 웅덩이

물론 뛸 수 있어요!

Of course, I can jump!

물론 난 있어 뛸 수

*of course 물론(자기 말이 사실이거나 옳다는 것을 강조할 때)

우와, 아직도 힘이 넘치네.

Wow, you're still full of energy.

와 넌 아직 가득해 힘이

*energy 힘, 에너지

Let's play ball.

공놀이 하자.	**Let's play ball.**
	하자　　공놀이를

나에게 공 굴려 볼래?	**Would you roll the ball to me?**
	넌　　굴릴래? 공을　　에게 나

공이 굴러가네.	**The ball is rolling.**
	공이　　　굴러간다

나한테 공 던져 줘!	**Pass me the ball!**
	건네줘　내게　공을

공이 데굴데굴 굴러가요.	**It's rolling over and over.**
	그게 굴러가　　반복해서　　　　　　　*over and over 반복해서, 여러 번 되풀이하여

나에게 공 차 봐.	**Kick the ball to me.**
	차　　공을　　에게 나　　　　　　　　　* kick (발로) 차다

뻥하고 힘껏 차 봐.	**Kick it as hard as you can.**
	차　그걸　세게　만큼 네가　할 수 있는

숫! 골인!

Shoot! Goal!
숫   골인

• goal 골문, 골, 득점

들어갔다!

It's in!
그게 들어갔다

아이고, 골을 못 넣었네.

Oh, I missed the goal.
오   내가 못 맞혔어   골문을

• miss 놓치다, 빗나가다

골대 쪽으로 공을 드리블해 봐.

Dribble toward the goalpost.
드리블해   쪽으로   골대

• dribble 드리블하다 | goalpost 골대

안 돼, 손을 쓰면 반칙이야.

No, it's a foul if you use your hands.
안 돼   그건 반칙이야   만약 네가   쓰면   네   손을

• foul 파울, 반칙

나한테 공 던져 봐.

Throw the ball to me.
던져   공을   에게 나

이제 내 차례야.

Now it's my turn.
이제   내   차례다

• turn 차례

이제 내가 너한테 공 던진다.

Now I'm going to throw the ball to you.
이제   난 거야   던질   공을   에게 너

너무 세게 던지지 마세요.

Don't throw it too hard.

마　　　　던지지　　　그거 너무　세게

너한테 굴러간다.

It's rolling towards you.

그거 굴러가　　　　　쪽으로　　　　　너

통통통…

Bounce, bounce, bounce...

통　　　　　통　　　　　통

* bounce 통통 튀다, 튀어 오름

잘 잡았어!

Good catch!

좋은　　　잡기야

아, 놓쳤어요.

Oh, I missed it.

오　　　내가 놓쳤어　　　그걸

공을 잃어버리지 마!

Don't lose the ball!

마　　　잃어버리지 공을

* lose 잃어버리다

조심해, 공이 나무 사이에 낄 수 있어.

Be careful, the ball might get stuck in the tree.

조심해　　　　　　공이　　　　있어　　　낄 수도　　　안에　나무

* stuck 낀

공 잡으러 가야지.

Go catch the ball.

가서　　잡아　　공을

* '가서 ~하다'라는 말은 go and + 동사처럼 말하거나 and를 생략하고 go + 동사 형태로 말하면 돼요. '가서 찬 거 좀 마시자.'라고 한다면
　Let's go (and) get something cold.라고 하면 되지요.

| 뛰어가서 가져와야지. | **Run and get it back.** |
| | 뛰어서 　　　 찾아와 　 그걸 다시 |

| 잡았어요. | **I got it.** |
| | 난 잡았어 　 그걸 |

| 저런! 공에 얼굴을 맞았네. | **Oops! The ball hit you in the face.** |
| | 저런! 　　 공이 　　　 쳤어 　 네 　 얼굴을 |

| 괜찮아? | **Are you okay?** |
| | 넌 　 괜찮니? |

| 아뇨, 엄마 때문에 아프잖아요! | **No, you hurt me!** |
| | 아니 　 당신이 　 아프게 했어 날 |

| 미안해. 엄마가 잘못했어. | **I'm sorry. It's my fault.** |
| | 내가 미안해 　　 그건 　 내 　 잘못이야 　　　　　 * fault 잘못 |

| 내가 하는 것처럼 공을 튕겨 봐. | **Bounce the ball like I do.** |
| | 튕겨 　　　 공을 　　　 처럼 　 내가 하는 것 |

| 더 세게 튕겨야 공이 더 높이 올라오거든. | **Bounce it harder so the ball goes up higher.** |
| | 튕겨 　　　 그걸 더 세게 　　 그래서 공이 　　 가게 　 위로 더 높이 |

미술 놀이 영어표현

10 미술

Art

10-1 색깔
10-2 그림 그리기
10-3 물감칠 하기
10-4 만들기

가장 좋아하는 색

Favorite color

YouTube

Sophia English

What's your favorite color?

이거 무슨 색깔이야? **What color is this?**
무슨 　　색이야? 　　이건

무슨 색을 제일 좋아하니? **What's your favorite color?**
뭐야? 　　너의 　　제일 좋아하는 　　색은

난 하늘색을 제일 좋아해요. **I like sky blue the most.**
난 좋아해 　하늘색을 　　제일

* '제일 좋아하다'는 like ~ (the) best 또는 like ~ (the) most 둘 다 쓸 수 있어요.

우리 집에서 뭐가 초록색이지? **What things are green in our house?**
어떤 　　것들이 　　초록색이야? 　　에서 우리의 집

화초와 벽지가 초록색이에요. **The plants and the wallpaper are green.**
식물 　　그리고 벽지가 　　초록색이야

파란색을 보면 어떤 기분이 들어? **How do you feel when you see blue?**
어떻게 　넌 　느껴 　때 　네가 　볼 　파랑을

파란색을 보면 기분이 좋아져요. **Blue makes me feel happy.**
파란색은 　만들어 　내가 느끼게 행복하게

그림 그리기

What do you wanna draw?

그림 그리는 거
좋아하니?

Do you like drawing?

넌　　　좋아하니? 그림 그리기를

• draw (연필 등으로) 그림을 그리다

그림 그리고 싶어?

Do you want to paint?

넌　　원해?　　물감으로 그리기를

• paint (물감으로) 그리다

네, 그리고 싶어요.

Yeah, I'd like to.

응　　　　난 하고 싶어

크레파스랑
스케치북 갖고 와.

Get your crayons and sketchbook.

갖고 와　네　　크레파스와　　　　스케치북을

뭐 그리고 싶어?

What do you wanna draw?

무얼　　　　넌　　원해?　　그리기를

동그라미 그릴
수 있어?

Can you draw a circle?

있니?　넌　　그릴 수　동그라미를

네, 그릴 수
있어요.

Yes, I can do it.

응　　나는 있어　할 수 그걸

꽃 그리자.
Let's draw flowers.
하자　　그리기를　　꽃

창의력을 발휘해 봐.
Use your creativity.
사용해　네　　창조성을

* creativity 창조성

혼자서 못 그려?
Can't you draw it on your own?
못　　　넌　　그리니?　그걸 너 스스로

색연필 줄까?
Do you need colored pencils?
넌　　필요해?　색연필이

뭐 그릴 건데?
What are you going to draw?
무얼　　　넌　　그릴 거니?

바다를 그리고
싶어요.
I wanna draw the ocean.
난 원해　　그리기를　바다

* ocean 대양, 바다

상상할 수 있는 거
아무거나 그려 봐.
Draw anything you can imagine.
그려　　아무거나　　네가　　있는　　상상할 수

* imagine 상상하다

인어는 어떻게
그려야 돼요?
How can I draw a mermaid?
어떻게　　있어?　내가 그릴 수　인어를

* mermaid 인어

Let's color the picture now.

이제 그림을 색칠해 보자.

Let's color the picture now.
하자　　색칠하기를　그림을　　　　지금

• color 색칠하다, 색깔

물 쏟지 않게 조심해.

Be careful not to spill the water.
조심해　　　　　안　흘리게　　　물을

노랑과 파랑을 섞어 봐.

Mix yellow and blue.
섞어　노랑과　　　　파랑을

초록색이 되었네.

It has turned green.
그게 변했어　　　　　　초록으로

• turn (~ 상태로) 변하다 , ~되다

신기하다, 그렇지?

It's amazing, isn't it?
그건 놀라워　　　　　그렇지?

• amazing 놀라운

여기는 무슨 색으로 칠하고 싶어?

Which color do you want to paint here?
어떤　　　색으로　　　넌　　원해?　　칠하기를　　　여기

배는 무슨 색으로 칠할 거야?

What color are you going to paint the ship?
어떤　　　색으로　　　넌　　칠할 거야?　　　　배를

그거 은색으로 칠할 거예요.

I'm gonna paint it silver.

난 거야 　칠할 　그걸 은색으로

그런데 은색 물감이 안 남았네.

But we don't have any silver left.

하지만 　우린 　안 　가졌어 　어떤 　은색도 　남은

대신에 금색을 사용할 수 있어.

We can use gold instead.

우린 　있어 　사용할 수 금색을 　대신에

• instead 대신

내가 그린 거 좀 봐요.

Look what I drew.

봐 　것을 　내가 그린

우와! 이게 뭐야?

Wow! What is this?

와 　뭐니? 　이건

이 사람이 뭐 하고 있어?

What is this person doing?

뭘 　이 　사람은 　하고 있니?

너 정말 잘 그린다!

You draw so well!

넌 　그리네 　아주 잘

I want to fold an airplane.

신문지 찢기 하자.

Let's rip up the newspaper.

하자   찢기를   신문지

• rip up ~을 갈기갈기 찢다

가위로 선을 따라 잘라 봐.

Cut along the lines with scissors.

잘라   따라서   선을   로   가위

가위 쓸 때는 조심해.

Be careful when using scissors.

조심해   때   사용할   가위를

• use 쓰다, 사용하다

베이지 않게 조심해.

Don't cut yourself.

마   베이지 너를

종이에 있는 모양들을 오려 내 봐.

Cut out the shapes from the paper.

오려 내   모양들을   로부터   종이

가위질이 힘들어요.

It's hard to use the scissors.

어려워   사용하기가   가위를

이거 잘못 잘랐어요.

I cut this wrong.

난 잘랐어   이거   잘못

여기 풀칠 좀 해 봐. Put some glue on here.

발라 좀 풀을 위에 여기

* put on은 '옷을 입다'라는 말로도 쓰이고 예문처럼 '풀을 ~위에 바르다'라는 뜻으로도 쓰여요.

풀을 너무 많이 묻혔어. You put on too much glue.

너 발랐어 너무 많은 풀을

엄마, 손가락에 풀이 묻었어요. Mom, I got glue on my fingers.

엄마 난 묻혔어 풀을 위에 내 손가락

끈적거려요. It's sticky.

그건 끈적여

• sticky 끈적거리는

풀 뚜껑 다시 닫아야지. Put the lid back on the glue.

올려 뚜껑을 다시 위에 풀

• lid 뚜껑

종이비행기 접고 싶어요. I want to fold an airplane.

난 원해 접기를 비행기

• fold 접다

엄마가 하라는 대로 해야 돼. You should follow my directions.

넌 돼 따라야 내 지시를

• direction 지시

종이를 반으로 접어 봐. Fold the paper in half.

접어 종이를 반으로

• in half 반으로

이렇게 접는 거야.

Fold it this way.

접어 그걸 이 방법으로

• this way 이렇게

네 귀퉁이가 딱 맞도록 해.

Bring the corners together.

가져와 귀퉁이를 함께

• corner 모서리, 귀퉁이

선 따라서 종이를 접어.

Fold the paper along the line.

접어 종이를 따라서 선을

방금 접은 걸 다시 펴 봐.

Unfold what you just folded.

펴 것을 네가 막 접은

• unfold 펴다

반대쪽으로 접어.

Fold it the other way.

접어 그걸 반대로

잘못 접었네.

You folded it the wrong way.

넌 접었어 그걸 잘못된 식으로

종이에 베이지 않게 조심해라.

Be careful not to get a papercut.

조심해 안 얻게 종이에 베인 상처를

• papercut 종이에 베인 상처

종이비행기 완성!

Now we're done with the paper plane!

이제 우린 끝냈다 종이비행기를

책 읽을 때 영어표현

11 공부

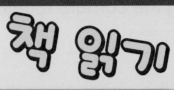

Study

11-1 책 읽기
11-2 책 내용에 대해 이야기하기
11-3 숫자, 수학
11-4 시계 보기
11-5 날짜, 요일
11-6 확인할 때

Read a book

You Tube

Sophia English

Let's read a book.

책 읽자.

Let's read a book.
하자   읽기를   책

뭐 읽고 싶어?

What do you want to read?
무얼   넌   원해?   읽기를

몇 권 읽고 싶어?

How many books do you want to read?
얼마나   많은   책을   넌   원해?   읽기를   * how many 얼마나 많은

읽을 수 있을 만큼 많이요.

As many as I can.
많이   만큼   내가 가능한   * as many as ~ 만큼 많이

* many는 '수가 많다'는 뜻이고 '양이 많다'는 much를 써요. 따라서 우유, 물 등 셀 수 없는 물질이 많음을 나타낼 때는 I want to drink milk as much as I can. (우유를 내가 마실 수 있는 한 많이 먹고 싶어.)와 같이 사용해야 해요.

내가 고를래요.

Let me choose.
해 줘   내가   고르게

이거 읽어 주세요.

Read this for me.
읽어 줘   이걸   위해   나를

그거 열 번은 더 읽었는데.

We've read it over ten times.
우린   읽었어   그걸 이상   열   번   * over ~ 이상 | time (어떤 일을 하는) 번, 때

난 이 책 줄거리가 좋아요.	I like the plot of this book.
	난 좋아　줄거리가　　의　이 책　　　　　　　　　　　　　• plot 구성, 줄거리

이 이야기가 재미있어요.	This story is fun.
	이　　이야기는　재밌어

이 책 제목이 뭐지?	What's the title of this book?
	뭐야?　　　제목이　　의　이 책　　　　　　　　　　　　　• title 제목

작가가 누구예요?	Who's the writer?
	누구야?　　작가가　　　　　　　　　　　　　　　　　　• writer 작가

이름이 여기 쓰여 있잖아.	His name is written here.
	그의　이름이　쓰여 있어　　여기에

* write는 '쓰다'라는 뜻인데' ~이 쓰여 있다'라는 수동태의 의미를 나타낼 때는 be동사 +p.p를 써서 is written이라고 씁니다.

표지에 뭐가 그려져 있어?	What do you see on the cover page?
	뭐가　　　　넌　　보여?　위에　표지　　　　　　• cover page 표지

작은 별 여러 개랑 큰 별 한 개요.	I see lots of little stars and one big star.
	난 보여　　많은　　작은　　별들과　　하나의　큰　별이　• lots of 많은

페이지 넘겨 봐.	Turn the page.
	넘겨　　페이지를　　　　　　　　　　　　　　• turn 페이지를 넘기다

| 여기 무슨 일이 일어나고 있는 거야? | **What is happening here?** |
| | 뭐가   일어나고 있니?   여기에 |

| 어 안 돼! 나쁜 일이 일어나고 있어요. | **Oh, no! Something bad is happening.** |
| | 어   안 돼   뭔가   나쁜   일어나고 있어 |

* something, anything, nobody, anyone 등 정해지지 않은 무언가를 가리키는 대명사는 형용사가 뒤에 와서 수식해요. something good (뭔가 좋은 것), anything cold(차가운 무언가)와 같이 쓰면 돼요.

| 가엾어라. | **Poor thing.** |
| | 불쌍한   것 |

           * poor 불쌍한, 가련한

| '흠모하다'가 무슨 뜻이에요? | **What does "adore" mean?** |
| | 무얼   '흠모하다'가   의미해? |

           * adore 사랑하다, 흠모하다

| '사랑하다'란 뜻이야. | **It means "to love."** |
| | 그건 의미해   '사랑하다'를 |

| '사랑하다'라는 뜻의 다른 말이야. | **It's another word for "to love."** |
| | 그건   다른   말이야   의   '사랑하다' |

| 사전을 찾아보자. | **Let's look it up in the dictionary.** |
| | 하자   찾기를   그걸   에서 사전 |

           * look up (사전, 참고 자료 등에서) 찾아보다

| 다음엔 어떻게 될까? | **What will happen next?** |
| | 뭐가   일어날까?   다음에 |

와, 다 잘 되었네.

Wow, everything turned out to be okay.
와　　　모든 게　　　되었어　　　괜찮게　　　* turn out ~하게 되다

결국 행복하게
끝났네.

It ended up being happy.
그건 끝났어　　　것으로　　행복한　　　* end up ~ing 결국 ~하게 되다

이야기 좋았어?

Did you like the story?
넌　　좋았니?　이야기가

정말 좋았어요.

I really liked it.
난 정말　　　좋았어　　그게

지루했어요.

It was boring.
그건 지루했어

* 이야기나 영화 등의 내용이 지루하다고 말할 때는 boring을 써서 말하지만 '나 지금 지루해.'라고 말하려면 bored를 써서 I'm bored.
라고 합니다. 혼동하지 않도록 주의하세요.

결말이
좋았어요.

I liked the ending.
난 좋았어　　결말이　　　* ending (이야기, 영화 등의) 결말

 소피아 영어 Q & A 질문 답변 영상

영상을 보고 질문이 많아서 Q & A 영상을 준비했어요.
원어민이 영어단어 외우는 방법, 미국 학교와 한국 학교의 차이점,
수업 시간 등에 대해 살펴 봐요.
여러분도 질문에 대한 답을 같이 말해 보세요.

책 내용에 대해 이야기하기
What can we learn from the story?

작가가 무슨 말을
하고 싶었을까?

What do you think the writer wanted to say?
무얼　　　　　　년　　　생각해?　작가가　　　　　원했다고　　　말하기를

이 이야기에서 뭘
배울 수 있을까?

What can we learn from the story?
무얼　　　있니?　우리가　배울 수　에서　　이야기

* learn 배우다

교훈이 무엇일까?

What is the moral?
뭐야?　　　교훈이

* moral 교훈

사랑은 좋은 거라는
거요.

I think love is a good thing.
난 생각해　　사랑은　　　　좋은　　　것이라고

네가 그
사람이라면
어떻게 할 거야?

What would you do if you were him?
무얼　　　　　　년　　할 거야? 만약 네가　　그러면

나는 안 그럴 거예요.

I would not do that.
난　　　　안　　할 거야 그걸

그는 가난한
사람들을 도왔어야
했어요.

He should have helped the poor.
그는　도왔어야 했어　　　　　　　가난한 사람들을　　　* should have p.p ~했어야 했다

* the poor는 '가난한 사람들'이라는 뜻이에요. the +형용사가 '~하는 사람들'이라는 복수형태를 나타냅니다.

저도 똑같이 했을 거예요.

I would do the same thing.

난 했을 거야   같은   일을   • same 같은, 동일한

소녀가 왜 마을을 떠난 거예요?

Why did the girl leave the town?

왜   그 소녀가   떠났어?   마을을   • leave 떠나다 | town 마을

글쎄, 한번 생각해 보자.

Well, let's think about it.

글쎄   하자   생각을   대해   그것에

너는 어떻게 생각해?

What do you think of it?

무엇을   넌   생각하니?   대해 그것에   • think of ~에 대해 생각하다

잘 모르겠어요.

I have no idea.

난 없어   생각이

* '모르겠다.'라고 할 때 우리가 흔히 쓰는 I don't know. 외에 I have no idea, I'm not sure. 등 다양한 표현이 있어요. 무뚝뚝한 느낌을 주는 I don't know.만 쓰지 않도록 다양하게 말하는 연습을 해 보세요.

네 생각을 먼저 말해 봐.

Tell me what you think first.

말해   내게   것을   네가   생각하는 걸   먼저

제가 먼저 물어봤잖아요.

I asked you first.

내가 물었어   당신에게   먼저

내 생각은 이래.

This is what I think.

이게   것이야   내가 생각한

| 누가 제일 좋아? | **Who do you like the most?** |
| | 누가　　　　넌　　좋아?　가장 |

| 나는 잭이 제일 좋아요. | **I like Jack the most.** |
| | 난 좋아　　잭이　　　가장 |

| 나도 그래. | **I do, too.** |
| | 나도 그래　역시 |

| 잭이 왜 좋아? | **Why do you like Jack?** |
| | 왜　　　　　너는　　좋아?　잭이 |

| 어떻게 코끼리가 수영을 할 수 있어요? | **How can an elephant swim?** |
| | 어떻게　　　있어?　코끼리가　　　　　수영할 수 |

| 말도 안 돼요! | **It makes no sense!** |
| | 그건 만들지　　　못해　의미를 | * sense 의미, 뜻 |

* no를 any로 바꾸어 It doesn't make any sense.라고 해도 같은 뜻이에요.

| 이야기 안에서는 어떤 일도 일어날 수 있어. | **Anything can happen in a story.** |
| | 어떤 일도　　　있어　일어날 수　에서 이야기 |

Can you count from one to ten?

영어로 숫자를
배워 보자.

Let's learn numbers in English.

하자   배우기를   숫자   영어로

• in English 영어로

1부터 10까지
셀 수 있어?

Can you count from one to ten?

있니?   넌   셀 수   부터   1   까지   10

• count 수를 세다

10부터 거꾸로
세어 봐.

Count down from ten.

세어   거꾸로   부터   10

• count down 수를 거꾸로 세다

이 숫자 읽을
수 있어?

Can you read this number?

있니?   넌   읽을 수   이   숫자를

11부터 어떻게 세는
지 배워 보자.

Let's learn how to count from eleven.

하자   배우기를   어떻게   세는지   부터   11

0이 2개 있으면
'백'이야.

It's a hundred when there are two zeros.

백이야   때   있을   두 개의   0이

0이 3개가 보이면
'천'이야.

It's a thousand when you see three zeros.

천이야   때   네가   볼   세 개의   0을

쿠키가 몇 개 있지?

How many cookies do we have?
얼마나　　많은　　　쿠키를　　　　　　우리가　갖고 있니?

쿠키가 세 개 있어요.

We have three cookies.
우린　　갖고 있어　세 개의　　쿠키를

쿠키 두 개를 더 보탤게.

I will add two more cookies.
난 거야　더할　두 개　더　　　쿠키를

* add 보태다, 더하다

이제 쿠키가 몇 개야?

How many do we have now?
얼마나　　많이　　　　우린　갖고 있니? 지금

다섯 개요.

We have five.
우린　　갖고 있어　다섯 개

3 더하기 2는 5야.

Three plus two equals five.
3　　　　더하기　2는　　같아　　5와

* plus 더하기 ǀ equal ~와 같다

2더하기 3은 5야.

If you add two and three, you get five.
만약 네가　　더하면　2와　　　3을　　　넌　　얻어　5를

두 개 먹으면 몇 개가 남지?

How many are left after eating two?
얼마나　　많이　　남니?　　　후에　　먹은　　두 개를

* leave 남기다

세 개가 남아요.

There are three left.
있어 　　　　　 세 개가 　남아

5 빼기 2는 3이야.

Five minus two equals three.
5 　　 빼기 　　 2는 　 같아 　　 3과 　　　　　　 * minus 빼기

고양이와 사자 중에
뭐가 더 커?

Which one is bigger, a cat or a lion?
어느 　 게 　 더 크니? 　　　　 고양이 　 또는 사자 중에

사자가 더 커요.

The lion is bigger.
사자가 　　　 더 커

그래, 고양이는
더 작지.

Yes, the cat is smaller.
그래 　 고양이는 　　 더 작아

사자는 고양이
보다 더 커.

The lion is bigger than the cat.
사자는 　　　 더 커 　　 보다 　 고양이

고양이는 사자보다
더 작아.

The cat is smaller than the lion.
고양이는 　　　 더 작아 　　 보다 　 사자

이것들은 어떤
모양이야?

What shapes are these?
어떤 　 모양이야? 　　　 이것들은 　　　　　　　 * shape 모양

이건 동그라미고, 이건 세모예요.

This one is a circle, and this is a triangle.

이건   동그라미야   그리고   이건   세모야

* triangle 세모

이건 모르겠니?

Don't you know this one?

안   너는   아니?   이것은

그건 다이아몬드 모양이야.

It's a diamond.

그건 다이아몬드야

이건 직사각형이야.

This is a rectangle.

이건   직사각형이야

* rectangle 직사각형

동그란 건 어떤 게 있어? 몇 가지 말해 봐.

What things are circular? Name some.

어떤   것들이   동그래?   말해   몇 개

* circular 원형의, 둥근

바퀴, 접시, 공 등이요.

Wheels, plates, balls and so on.

바퀴   접시   공   등

* and so on 기타 등등, ~ 등

이 상자는 무슨 모양이지?

What shape is this box?

무슨   모양이니?   이   상자는

직사각형이예요.

It's rectangular.

그건 직사각형이야

* rectangular 직사각형의

시간 읽는 법을
배워 보자.

Let's learn how to tell time.
하자 　 배우기를 　 어떻게 　 아는지 　 시간을

• tell time (시계를 보고) 시간을 알다

짧은 바늘은
'시침'이라고 해.

The short hand is called the "hour hand."
짧은 　 바늘은 　 불려 　 '시침'이라고

• hand (시계) 바늘
• hour 시, 시간

짧은 바늘은 몇
시인지 알려 줘.

The short hand tells what hour it is.
짧은 　 바늘은 　 알려 줘 　 몇 　 시인지

시침이 3을 가리키면
정각 3시야.

When the hour hand points to the three, it's three o'clock.
때는 　 시침이 　 가리킬 　 3을 　 3시야 　 정각

* o'clock은 '정각'이라는 뜻인데, o'clock을 빼고 It's three.라고 하거나 좀 더 캐주얼하게는 o'clock 대신 sharp를 넣어 It's three sharp.
라고도 해요.

지금은 몇 시야?

Now what time is it?
이제 　 몇 　 시니?

2시예요.

It's two o'clock.
2시야 　 정각

긴 바늘은 '분침'
이라고 해.

The long hand is the "minute hand."
긴 　 바늘은 　 '분침'이야

• minute 분

긴 바늘은 분을
가리켜.

The long hand points to the minutes.

긴　　바늘은　　가리켜　　　　분을

숫자들 사이에는
5분이 있어.

There are five minutes between each of the numbers.

있어　　　　5 분이　　　사이에는　　　각각　의　숫자들

긴 바늘이 1에
있으면 5분이
지난 거야.

When the long hand is at one, five minutes have passed.

때　　　　긴　　바늘이　있을 1에　　5분이　　　지났어 　* pass 지나다

그래서 5의 배수로
가는 거야.

So it goes by multiples of five.

그래서 그것은 가　　배수로　　　　　5의　　　　　* multiple 배수

그래서 5, 10,
15, 20 …인 거지.

So it's five, ten, fifteen, twenty...

그래서　　5　　10　　15　　20

시계가 몇 시를
나타내고 있지?

What time is the clock showing?

몇　　시를　　시계가　　보여 주니?

지금은 2시 5분요.

It's two oh five.

2시　　05분

* 숫자 0을 zero가 아니라 oh로 말하기도 해요.

이렇게 돼 있으면
할 수 있겠어?

Can you help me out on this one?

있니?　넌　도와줄 수 날　　에서　이것

헷갈려요.

I'm confused.

난 혼동돼

• confused 헷갈리는

생각 못하겠어요.

I can't figure it out.

난 없어　생각할 수　그걸

• figure out 생각해 내다

나한텐 너무
어려워요.

It's too difficult for me.

그건　너무　어려워　에게　나

지금 시간은
5시 35분이야.

The time is five thirty-five.

시간은　5시 35분이야

아침은 언제 먹지?

When do you eat breakfast?

언제　넌　먹어?　아침을

8시에요.

At eight.

에　8시

잠은 몇 시에 자지?

What time do you go to bed?

몇　시에　넌　자러 가니?

저녁 9시쯤요.

Around nine in the evening.

쯤에　9시　저녁

• around (시간) ~쯤에

There are seven days in a week.

달력을 보렴.	**Look at the calendar.**
	봐 달력을 • calendar 달력

몇 개의 계절이 있어?	**How many seasons do we have?**
	얼마나 많은 계절이 우린 있니? • season 계절

네 개요. 봄, 여름, 가을, 그리고 겨울.	**Four. Spring, summer, fall, and winter.**
	네 개. 봄 여름 가을 그리고 겨울

일 년에는 열두 개의 달이 있어.	**There are twelve months in a year.**
	있어 열두 개의 달이 에 일 년 • month 달 | year 년

한 달은 삼십이나 삼십일 일이야.	**There are thirty or thirty-one days in a month.**
	있어 삼십 또는 삼십일 일이 에 한 달

예외가 하나 있지.	**There is one exception.**
	있어 하나의 예외가 • exception 예외

2월에는 이십팔 일만 있단다.	**There are only twenty-eight days in February.**
	있어 단지 이십팔 일이 에 2월

그러나 윤년에는, 2월에 이십구 일이 있어.

But on leap years, there are twenty-nine days in February.

하지만 윤년에는   있어   이십구 일이   에 2월

• leap year 윤년

한 달에는 네 개나 다섯 개의 주가 있어.

There are four or five weeks in a month.

있어   네 개   또는 다섯 개의 주가   에 한 달

• week 주

한 주에는 칠 일이 있단다.

There are seven days in a week.

있어   칠 일이   에 한 주

각 달에는 이름이 있어.

Each month has its own name.

각   달은   있어   그것의 고유한   이름이

오늘은 1월 6일이야.

It's January sixth.

1월   6일

네 생일은 언제지?

When is your birthday?

언제야?   네   생일은

3월 11일이요.

It's March eleventh.

3월   11일

각 날에도 이름이 있어.

Each day has its own name, too.

각   날은   있어   그것의 고유한   이름이   역시

| 오늘은 무슨 요일인데요? | **What day is it today?** |
| | 무슨   날이야?   오늘은 |

| 월요일이야. | **It's Monday.** |
| | 월요일 |

| 내일은요? | **What about tomorrow?** |
| | 어때?   내일은 |

| 화요일이야. | **It's Tuesday.** |
| | 화요일 |

| 토요일과 일요일은 주말이라고 불러. | **Saturdays and Sundays are called the weekends.** |
| | 토요일과   일요일은   불려   주말이라고   • weekend 주말 |

| 대체로 주중에는 사람들이 열심히 일해. | **In general, people work hard during weekdays.** |
| | 대체로   사람들은   일해   열심히   동안   주중   • weekdays 주중 |

| 주말에는 사람들이 쉰단다. | **During weekends, people take a rest.** |
| | 동안   주말   사람들은   취해   휴식을   • take a rest 쉬다 |

| 금요일마다 할머니 뵈러 가잖아요. | **We go to visit Grandma every Friday.** |
| | 우린   가   방문하러   할머니를   매주   금요일에 |

확인할 때
You know what I mean?

내 말 듣고 있니?　**Do you hear me?**
　　　　　　　　　너　　　듣고 있니?　내 말을

집중하고 있는 거야?　**Are you paying attention?**
　　　　　　　　　있니?　넌　　기울이고　　주의를　　　　　　　　*pay attention 주의를 기울이다

잘 들어.　**Listen up.**
　　　　　잘 들어

멍해 있지 말고!　**Don't zone out!**
　　　　　　마　　　멍해지지　　　　　　　　　　　*zone out 멍해지다

멍 때리지 말고!　**Don't space out!**
　　　　　　마　　　멍해 있지　　　　　　　　　　*space out 멍해 있다

졸지 말고.　**Don't fall asleep.**
　　　　　마　　들지　잠에　　　　　　　　　　*fall asleep 잠들다

이것 좀 봐.　**Check this out.**
　　　　　확인해　　이걸

있잖아.	**Guess what.**
	있잖아

* Guess what 있잖아(놀랍거나 신나는 일을 말하기 위해 운을 떼는 표현)

있잖니.	**You know what?**
	넌　　　아니?　　뭔지

엄마 말하고 있잖아.	**I'm talking to you.**
	내가 말하고 있어　　에게　너

듣고 있는 거니?	**Are you still there?**
	있니?　넌　　아직　거기

듣고 있어요.	**I'm still here.**
	난 있어 아직　　여기

* 상대방이 자신의 말을 듣고 있는지 확인할 때 Are you there?(듣고 있니?)이라고 하고 '잘 듣고 있다'는 의미로 I'm here.(듣고 있어.)와 같이 말합니다.

알았어?	**Got it?**
	알았니?　그걸

* You got it?은 '다 이해했어?, 알겠어?'라는 뜻인데 앞의 You를 생략하고 Got it? 이라고도 말합니다.

알았어요.	**I got it.**
	난 알았어　그걸

모르겠어요.	**I'm puzzled.**
	난 이해하지 못해

* puzzled 이해하지 못하는

전혀 모르겠어요.	**I have no idea.**
	난 없어 아무 생각이

알아 듣겠니?	**Are you following me?**
	있니? 넌 이해하고 나를 • follow 이해하다

지금까지 한 말을 알아 듣겠어?	**Are you with me so far?**
	있니? 넌 나와 지금까지 • so far 지금까지

* Are you with me?는 직역하자면 '너 나와 함께 있니?'인데 '내 말을 알아듣겠어?, 내 말을 이해하니?'라는 뜻으로 사용됩니다.

몇 번을 말해야 되니?	**How many times do I have to tell you?**
	얼마나 여러 번을 하니 내가 말해야 돼? 너에게

무슨 말인지 모르겠어.	**I don't understand what you mean.**
	난 못 이해해 무엇을 네가 의미하는지 • mean 의미하다

방금 뭐라고 했니?	**What did you say just now?**
	무얼 넌 말했니? 바로 지금

그게 무슨 말이야?	**What do you mean by that?**
	무얼 너는 의미하니? 으로 그것

다시 말해 줘.	**Say that again, please.**
	말해 그걸 다시 제발

훈육할 때 영어표현

조용히 해!

Sorry

Discipline

You Tube

Be quiet!

Sophia English

식습관과 예절

Sit properly and eat.

밥 먹기 전에 손 씻어.

Wash your hands before eating.
씻어　　네　　손을　　전에　　먹기

아빠 오실 때까지 기다려.

Wait for Daddy to come.
기다려　아빠가　　　오기를

이 시금치 좀 먹어 봐.

Try this spinach.
먹어　이　시금치를

• try 먹어 보다 | spinach 시금치

이거 한 입 먹어 봐.

Have a bite of this.
먹어　　한 입　　이거

• bite 한 입 (베어 무는 양)

편식은 나빠.

Picky eating is bad.
까다로운　식사는　　나빠

• picky 까다로운

채소도 먹어야지.

You have to eat vegetables, too.
넌　　돼　　먹어야 채소를　　　역시

채소는 건강에 좋단다.

Vegetables are good for your health.
채소는　　　　좋아　　에　너의 건강

입을 다물고 먹어야지.

Eat with your mouth closed.

먹어　　채로　　네　　입을　　다문

입을 벌리고 씹지 마.

Don't chew with your mouth open.

마　　씹지　　채로　　네　　입을　　연

・chew 씹다

입에 음식이 있을 땐 말하면 안 돼.

Don't talk with your mouth full.

마　　말하지　　채로　　네　　입이　　가득 찬

먹을 때는 떠들지 마.

Don't make noise when you eat.

마　　내지　　소리를　　때　　네가　　먹을

・make noise 떠들다

손가락으로 먹지 마.

Don't use your fingers.

마　　사용하지　네　　손가락을

똑바로 앉아 먹어야지.

Sit properly and eat.

앉아　제대로　　그리고　　먹어

・properly 제대로

음식을 꼭꼭 씹어.

Chew your food well.

씹어　　네　　음식을　　잘

뱉으면 안 돼.

Don't spit.

마　　뱉지

・spit 뱉다

국 흘리지 않게 조심해.

Be careful not to spill your soup.

조심해   안   흘리게   네   국을

포크를 써 봐.

Use your fork.

사용해   네   포크를

휴지에 손 닦아.

Wipe your hands with the tissue.

닦아   네   손을   로   휴지

다리 좀 가만히 있어.

Keep your legs still.

있어   네   다리를   가만히   • keep ~ still ~을 가만히 있다, 움직이지 않다

더 못 먹겠어요.

I can't eat any more.

난 없어   먹을 수   더   이상   • not ~ any more 더 이상 ~ 않다

다 먹어.

Eat up.

먹어   다   • up 완전히, 다

**다 먹어야지.
(너의 접시에 담긴 걸 다 비워야지.)**

Finish your plate.

끝내   너의   접시를

먹을 때는 TV 보면 안 돼.

Don't watch TV while eating.

마   보지   TV를   동안   먹는

Let's tidy up your room now.

Sorry

바닥 좀 봐.

Look at the floor.
봐   바닥을

이 지저분한 것 좀 봐.

Look at this mess.
봐   이 엉망진창을

• mess 엉망진창

누가 이렇게
어질렀지?

Who made this mess?
누가   만들었니?   이   엉망진창을

발 디딜 틈도 없네.

There is no room to walk.
없어   어떤 공간도   걸을

• room 자리, 공간

이제 치우자.

Let's clean up now.
하자   치우기를   지금

• clean up ~을 치우다

이제 방 정리하자.

Let's tidy up your room now.
하자   정리하기를   네   방을   지금

• tidy up 정리하다

방을 깔끔하게
치우자.

Let's make your room tidy.
하자   만들기를   네   방을   깨끗이

• tidy 깔끔한, 잘 정돈된

Pick up your dolls and toys.

인형이랑 장난감 주워.

주워　　네　　인형과　　장난감을

* doll 인형

Put your toys back in the box.

장난감은 상자에 다시 넣어.

넣어　　네　　장난감을　다시　　안에　상자

Throw away the trash in a trash can.

쓰레기는 휴지통에 버리고.

버려　　　쓰레기는　　　안에 쓰레기통

* throw away 버리다 | trash 쓰레기

Where should I put this?

이거 어디에 둬야 해요?

어디에　　돼?　　내가 둬야　이거

Put this back where it was before.

이거 전에 있던 자리에 다시 갖다 놔.

둬　　이거　　다시　　곳에　　이게 있던　　전에

Put this book back on the shelf.

이 책은 책장에 다시 꽂아.

꽂아　　이　　책을　　다시　　책장에

* shelf 선반, (책장의) 칸

I can't reach it.

저기 손이 안 닿아요.

난 없어　　닿을 수　　거기

* reach (손이) 닿다, 미치다

I can help you with that.

그건 내가 도와줄 수 있지.

난 있어　도울 수　널　　에서　　그것

이것들을 색깔별로 정리하자.

Let's arrange these by color.

하자　정리하기를　　이것들을　색깔별로

* arrange 정리하다, 배열하다

장난감 상자는 이쪽 코너에 두렴.

Put your toy box in this corner.

둬　네　장난감 상자를　에　이　코너

* corner 모서리, 모퉁이

이건 이 서랍에 들어가야 돼.

This one belongs in this drawer.

이것은　속해　안에 이　서랍

* belong 속하다 I drawer 서랍

서랍을 정리해야겠는데.

We need to arrange the drawers.

우린　필요가 있어　정리할　서랍을

모두 깔끔하게 정리해!

Organize everything neatly!

정리해　모든 걸　단정하게

* organize 정리하다

네 재킷은 옷걸이에 걸자.

Let's hang your jacket on the hanger.

하자　걸기를　네　재킷　옷걸이에

* hang 걸다 I hanger 옷걸이

물건이 잘 정리돼 있으면 찾기가 쉽단다.

You can find things easily when things are well arranged.

넌　있어　찾을 수　물건들을　쉽게　때　물건들이　잘　정리돼 있을

이제 방이 깔끔해졌네.

Now your room is tidy.

이제　네　방이　깨끗해

시끄럽게 굴 때
Be quiet.

소파에서 뛰어내리면
안 돼.

Don't jump off the sofa.
마　　뛰어내리지　에서　소파

* jump off ~에서 뛰어내리다

그러다 부서뜨리겠어.

You might break it.
넌　　부술지도 몰라　　그거

뛰어다니지 마.

Stop running around.
멈춰　　뛰어다니기를

* run around 뛰어다니다

나가서 뛰어.

Go outside and run.
가　　밖에　　그리고　뛰어

밤에는 뛰면
안 돼.

You must not run at night.
넌　　안 돼　　뛰면　밤에

침대 위에서 뛰지 마.

Don't jump on the bed.
마　　뛰지　　위에서 침대

문 쾅 닫지 마.

Don't slam the door.
마　　쾅 닫지　문을

* slam 쾅 닫다

소리 지르지 마.	**Stop yelling.**	
	멈춰 소리 지르기를	• yell 소리 지르다

너무 시끄러워. 그거 좀 꺼.	**It's too noisy. Turn that off.**
	그거 너무 시끄러워. 꺼

너무 시끄럽게 하지 마.	**Don't be so loud.**
	마 너무 시끄럽지

조용히 해.	**Be quiet.**	
	있어 조용히	• quiet 조용한

말 좀 그만해.	**Stop talking.**
	멈춰 말하기를

그거 그만해!	**Stop that!**
	멈춰 그거

조용히 좀 못해?	**Can't you just be quiet?**
	못해? 넌 좀 조용하지

Don't do that.

| 그만해! | **Stop!** |
| | 멈춰 |

| 내 말 들어 봐! | **Listen to me!** |
| | 들어 내 말을 |

| 전부 엉망진창으로 만들지 마! | **Don't mess everything up!** |
| | 마 엉망으로 만들지 모든 걸 * mess ~ up ~을 엉망으로 만들다 |

| 그러지 마. | **Don't do that.** |
| | 마 하지를 그거 |

| 그거 좀 그만해. | **Stop doing that.** |
| | 그만해 하기를 그거 |

| 그만해. | **Cut it out.** |
| | 그만해 * cut ~ out 그만두다 |

| 조심해! | **Be careful!** |
| | 해 조심히 |

조심해!	**Watch out!**
	조심해

발밑/머리 조심해.	**Watch your step/head.**
	조심해 너의 걸음을/머리를

차 조심해.	**Watch out for cars.**
	조심해 차를

더 가까이 오지 마.	**Don't get closer.**
	마 오지 더 가까이

뒤로 물러나.	**Step back.**
	걸어 뒤로

거기서 물러나.	**Move away from that.**
	움직여 멀리 에서 거기

거기에서 떨어져 있어.	**Stay away from that.**
	머물러 멀리 에서 거기

다친다.	**You will get hurt.**
	넌 거야 다칠 * get hurt 다치다

위험해.	**It's dangerous.**	
	그건 위험해	• dangerous 위험한

그거 뜨거워. 데인다.	**It's hot. You'll get burned.**	
	그건 뜨거워　　　넌　　데일거야	• burned 데인

그거 만지지 마.	**Don't touch that.**	
	마　　건드리지　그거	

거기서 손 떼.	**Take your hands off of it.**	
	떼　　네　　손을　　　에서 거기	• take your hands off ~에서 손 떼, 손대지 마

큰일 난다.	**You'll get in trouble.**	
	넌　　처할거야　어려움에	• get in trouble 곤란에 처하다

그러지 마. 옷 더러워져.	**Don't do that. Your clothes will get dirty.**	
	마　　하지 그거　　네　　옷이　　거야 더러워질	

너 외출 금지야!	**You are grounded!**	
	넌　　외출 금지야	• grounded 외출 금지인

* be grounded는 직역하면 '땅에 붙어있게 하다'인데 '외출 금지 당하다'라는 뜻으로 많이 써요.

벽에다 낙서하지 마.	**Don't draw on the wall.**	
	마　　그리지　　위에 벽	

벽에 한 낙서는 지우기 어려워.	It's hard to remove the scribbles from the wall.
	어려워 지우기가 낙서를 에서 벽 *scribble 낙서

종이에 그려.	Draw on paper.
	그려 위에 종이

절대로 다시는 그러지 마.	Never ever do that again.
	절대 하지 마 그거 다시 *never ever 결코 ~ 않다, 아니다

그거 다시는 안 하겠다고 약속해.	Promise me not to do that again.
	약속해 내게 안 한다고 그거 다시

약속할게요.	I promise.
	난 약속해

소피아 룸투어 ♡ 방 소개 미국집 공개
What's in My Room?

미국에 사는 소피아 방 소개와 함께 미국 집을 살짝
공개합니다.
많은 분들이 궁금해 하시는 소피아 룸투어 짜잔~

친구나 형제와 싸울 때
Stop fighting.

싸우지 마.

Stop fighting.

멈춰 　　 싸우기를

・fight 싸우다

친구끼리는 싸우는 거 아니야.

Friends should not fight.

친구들은 　　 안 돼 　　 싸우면

지금 사과해!

Apologize now!

사과해 　　 지금

・apologize 사과하다

다시는 그렇게 하지 마.

Never do that again.

절대 하지 마 　　 그거 　 다시

친구한테 미안하다고 말해.

Say sorry to your friend.

말해 　 미안하다고 　 에게 네 　　 친구

・say sorry to ~에게 미안하다고 말하다

형제끼리는 잘 지내야지.

Brothers should get along well.

형제들은 　　 돼 　　 지내야 　　 잘

・get along well 사이가 좋다, 잘 지내다

서로 사과해.

Apologize to each other.

사과해 　　 에게 서로

Stop whining.

뭐가 문제야?	**What's the problem?**
	무엇이　　문제니?

진정해.	**Calm down.**
	진정해

• calm down 진정하다

화내지 마.	**Don't lose your temper.**
	마　　화내지

• lose one's temper 화내다

징징대지 마.	**Stop whining.**
	그만해　　징징거리기를

• whine 징징거리다

화내지 말고 뭐가 문제인지 말해.	**Don't get mad and tell me what is wrong.**
	마　　화내지　　그리고　말해　내게　뭐가　잘못됐는지

• get mad 화를 내다

착하게 굴어야지.	**Be good.**
	있어　착하게

신경 건드리지 마.	**Don't start with me.**
	마　　시작하지　와　　나

* Don't start with me.를 직역하면 '나와 시작하지 마.'이지만 관용적인 표현으로 '신경 건드리지 마, 시비 걸지 마.'라는 의미로 쓰입니다.

거짓말할 때
Tell me the truth.

방금 뭐라고 했어?	**What did you just say?**
	무얼 넌 금방 말했니?

나한테 거짓말하는 거니?	**Are you lying to me?**
	있니? 넌 거짓말하고 에게 나 • lie 거짓말하다 (lie–lied–lied)

아녜요, 거짓말 아니에요.	**No, I'm not lying.**
	아니 난 안 거짓말해

거짓말하지 마. 네가 한 거 다 알아.	**Don't lie. I know you did this.**
	마 거짓말하지 난 알아 네가 한 걸 이거

거짓말은 아주 나빠.	**Lying is very bad.**
	거짓말은 매우 나빠

네가 거짓말하는 거 엄만 알 수 있어.	**Mommy can tell when you lie.**
	엄마가 있어 알 수 때 네가 거짓말할 • tell 알다, 판단하다

거짓말쟁이가 되고 싶어?	**Do you want to be a liar?**
	넌 원하니? 되기를 거짓말쟁이가 • liar 거짓말쟁이

거짓말은 나빠, 안 나빠?

Is lying bad or not?

거짓말은　나빠　또는 안 나빠?

나쁜 거예요.

It's bad.

그건 나빠

그럼 왜 거짓말을 했니?

Why did you lie, then?

왜　　　넌　거짓말했어? 그럼

무서워서 거짓말했어요.

I lied because I was afraid.

난 거짓말했어 때문에　　　내가 무서웠기

* afraid 무서워하는, 두려워하는

네가 한 짓보다 거짓말이 훨씬 더 나쁜 거야.

Lying is much worse than what you did.

거짓말은　　훨씬　더 나빠　보다　것　네가　한

* worse 더 나쁜

사실대로 말해 봐.

Tell me the truth.

말해　내게　사실을

거짓말 또 할 거야?

Are you going to lie again?

넌　　거니?　　거짓말할 다시

Stop complaining.

엄마, 나 이거 사고 싶어요.	**Mom, I wanna buy this.** 엄마　　난 원해　　사기를　이거
아니, 지금은 안 돼.	**No, not now.** 아니　　안 돼　지금은
이건 너무 비싸.	**This is too expensive.** 이건　　　　너무　비싸 • expensive 비싼
집에 비슷한 것 있잖아.	**You have a similar one at home.** 넌　　있어　　비슷한　　것이　집에 • similar 비슷한
다음에 사자.	**I'll buy it for you next time.** 난 살게　　그걸 위해 널　다음　번에
그만 투덜거려.	**Stop complaining.** 그만해　　불평하기를 • complain 불평하다
다음에 해 줄게.	**I'll do it for you later.** 난 할게　　그걸 위해 널　나중에

지금은 TV 보는
시간 아냐.

It's not the time for watching TV.
아니야 　　　 시간이 　　　 위한　 보기 　　　　 TV를

안 돼, 충분히 먹었어.

No, you already ate enough.
안 돼 　 넌 　　 이미 　　　　 먹었어　 충분히

엄마가 안 된다고
했어.

Mommy said no.
엄마가 　　　　 말했어 　 안 된다고

조르지 마.

Don't be demanding.
마 　　　 지나치게 요구하지 　　　　　　　　　　　 • demanding 지나치게 요구하는

조르면 진짜 안
해 줄 거야.

I won't do it for you if you keep demanding.
난 안 　　　 할 거야 그거 위해 　 널 　　 만약 네가 　 계속 　　　 요구하면 　　　 • demand 요구하다

안 된다고 하면 안 돼.

No means no.
안 돼는 뜻이야 　　　 안 된다는

안 돼. 참아.

No. Be patient.
안 돼 　 참아 　　　　　　　　　　　　　　　　　　　 • patient 참을성 있는

계속 이러면
화낼 거야.

I'll be mad if you keep doing this.
난 화낼 거야 　　　　 만약 네가 　 계속 　　 하면 　　　 이렇게 　　　 • mad 몹시 화가 난

사과하기
I'm so sorry.

정말 죄송해요.	**I'm so sorry.**
	난 정말 미안해

화내지 마세요.	**Don't get angry.**
	마 화내지

엄마가 화내면 무서워요.	**I'm scared when you're angry.**
	난 무서워 때 당신이 화낼

화나게 해서 죄송해요.	**Sorry for making you angry.**
	미안해 만들어서 당신이 화나게

그런 말 해서 죄송해요.	**I'm sorry for saying that.**
	난 미안해 말해서 그걸

감정을 상하게 하려던 건 아니었어요.	**I didn't mean to hurt you.**
	난 안 의도했어 감정을 상하게 하려고 당신을

다신 안 그럴게요.	**I will never do it again.**
	난 거야 절대 안 할 그거 다시

이런 짓 다시 안
하겠다고 약속할게요.

I promise I won't do this again.

나 약속해　　　　내가 안　　　할거라고 이거　　다시

괜찮아.

It's okay.

괜찮아

다음엔 이러지
말아야 해.

Remember not to do that next time.

기억해　　　　안　　한다는 걸　　　다음　　번에

* remember 뒤에 to부정사가 오면 '~할 것을 기억하다'라는 뜻이고 ing형태의 동명사가 오면 '~한 것을 기억하다'라는 뜻입니다. 의미상의
차이가 있으니 구별해서 써야 해요.

네 잘못 아냐.

It's not your fault.

그건 아니야　　네　　잘못이

걱정 마. 엄마
화 안 났어.

Don't worry. I'm not mad.

마　　　걱정하지　　난　　안　　화났어

나한테 사과해
줘서 고마워.

Thank you for saying sorry to me.

고마워　　　　말해 줘서　　　미안하다고　에게 나

좀 더 조심해.

Be more careful.

더 조심해

용서해 줄게.

I will forgive you.

난 거야　용서할　　널

감정 영어표현

13 감정표현

무서워!

Feeling

무서워하지 마.

Don't be afraid.

You Tube

Sophia English

기쁠 때
I'm feeling good.

오늘 기분 좋아 보이네.	**You look happy today.**
	넌　　보여　　행복해　　오늘

기분이 좋아요.	**I'm feeling good.**
	난 느끼고 있어　　좋게

정말 신나요.	**I'm so excited.**
	난　　아주　　신이 나

네가 웃으면 난 행복해져.	**Your smile makes me happy.**
	너의　　웃음이　　만들어　　날　　행복하게

오늘 왜 그렇게 기분이 좋아?	**What makes you so happy today?**
	뭐가　　만들어?　　널　　그렇게 기쁘게　　오늘

오늘 놀이공원에 가잖아요.	**We are going to the amusement park today.**
	우리는　갈 거예요　　놀이공원에　　오늘

* be going to 뒤에 장소가 나오면 '어떤 장소에 갈 예정이다'라는 뜻이 됩니다. 본래 We are going to go to ~. 라는 문장인데 반복되는 부분인 go to를 생략해서 We are going to ~.가 된 것이에요. We're going to the zoo. (우리는 동물원에 갈 예정이다.)처럼 활용해 보세요.

· amusement park 놀이공원

기분이 나쁠 때
I'm annoyed.

무슨 일이야?

What's the matter?

무슨　　일이야?

어디 불편하니?

What's bothering you?

뭐가　　신경 쓰이게 하니?　　널

• bother 신경 쓰이게 하다, 괴롭히다

왜 얼굴을
찡그리고 있니?

Why are you frowning?

왜　　　　넌　　찡그리고 있어?

• frown 얼굴을 찡그리다

나한테 화난 거니?

Are you angry with me?

넌　　화났니?　　에게　　나

• angry with ~에게 화난

기분이 나빠요/
아주 나빠요.

I feel bad/terrible.

난 느껴　　나쁘게/아주 나쁘게

• terrible 아주 나쁜

정말 화가 나요.

I'm really angry.

난　　정말　　화나

짜증이 나요.

I'm annoyed.

난 짜증이 나

• annoyed 짜증이 난

| 왜 기분이 나빠? | **What made you so upset?** |
| | 뭐가 만들었니? 널 그리 기분 나쁘게 · upset 기분이 나쁜, 속상한 |

| 유미가 날 자꾸 괴롭혀요. | **Yumi keeps bothering me.** |
| | 유미가 계속 괴롭혀 날 |

| 그 애가 왜 널 괴롭힐까? | **Why is she annoying you?** |
| | 왜 그녀가 괴롭히나? 너를 · annoy 짜증나게 하다, 괴롭히다 |

| 걔 때문에 짜증이 나요. | **She's annoying me.** |
| | 그녀는 짜증나게 해 날 |

| 엄마가 전화 못 쓰게 하잖아요. | **You don't allow me to use your phone.** |
| | 당신이 안 허락해 내가 사용하게 당신 전화를 · allow (무엇을 하도록) 허락하다 |

| 그래? | **Is that so?** |
| | 그게 그래? |

| 점심 먹을 기분이 아녜요. | **I'm not in the mood for lunch.** |
| | 난 아냐 기분이 점심 먹을 · in the mood for ~할 기분이 나는 |

| 화내지 마. | **Don't get mad.** |
| | 마 화내지 |

| 화를 참아 봐. | **Keep your temper.** |
| | 참아 　 네 　 성질을 |

* temper (급한) 성질

| 진정해. | **Cool it.** |
| | 진정해 |

| 기운 내! | **Cheer up!** |
| | 기운 내 |

| 그만 좀 해. | **Please stop that.** |
| | 제발 　 그만해 　 그것 |

| 잊어버려. | **Forget it.** |
| | 잊어 　 그것을 |

| 계속 그래야만
되겠니? | **Do you have to keep doing that?** |
| | 넌 　 되니? 　 계속 　 해야 　 그렇게 |

| 나한테
화풀이하지 마. | **Don't take it out on me.** |
| | 마 　 풀지 　 그걸 　 한테 　 나 |

* take out on ~에게 화풀이 하다

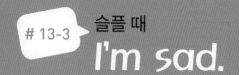

슬플 때
I'm sad.

왜 그렇게 슬퍼 보여? **Why do you look so sad?**

왜 넌 보여? 그렇게 슬프게

우는 거야? **Are you crying?**

있니? 너 울고

괜찮아? **Are you okay?**

넌 괜찮아?

왜 우울한 얼굴 하고 있어? **Why the long face?**

왜 우울한 얼굴이야?

* long face 우울한 얼굴, 시무룩한 얼굴

왜 그리 처져 있니? **Why are you so down?**

왜 넌 그렇게 처졌니?

아가야, 무슨 일이야? **Honey, what's the matter?**

아가 뭐가 문제야?

왜 자꾸 울어? **Why do you keep crying?**

왜 넌 계속 울어?

슬퍼요.

I'm sad.

난 슬퍼

기분이 우울해요.

I feel down.

난 느껴 　　우울하게

어떻게 해야 기분이
풀릴까?

How could I make you feel better?

어떻게 　　있나? 　　내가 만들 수 　　널 　　기분 좋게 　　　　* feel better 기분이 좋아지다

눈물이 날 것
같아요.

I feel like crying.

난 같아 　　　　울 것

이 책이 너무 슬퍼요.

This book is so sad.

이 　　　책이 　　　너무 슬퍼

그 소녀가 불쌍해요.

I feel sorry for the girl.

난 느껴 　　불쌍하게 　대해 　그 소녀에

아, 그래서 그렇구나.

Oh, that's the reason.

아 　그게 　이유야 　　　　　　　　* reason 이유

우리 아기 정말
감성이 풍부하구나.

My baby is really emotional.

내 　아기는 　　정말 　감정적이야 　　　　* emotional 감정적인

| 할머니가 보고 싶어요. | **I miss Grandma.** |
| | 난 그리워   할머니가 |

| 지금 바로 할머니께 전화해 볼까? | **Why don't we call her right now?** |
| | 어때?   우리   전화하는 게 그녀에게 바로   지금 |

| 너무 슬퍼하지 마. | **Don't be so sad.** |
| | 마   그렇게 슬퍼하지 |

| 네 기분 어떤지 알아. | **I know how you feel.** |
| | 난 알아   어떻게   네가   느끼는지 |

| 이리 와. 내가 안아줄게. | **Come on. Let me give you a hug.** |
| | 이리 와   해 줘 내가   주게   네게   포옹을 |

| 기분 풀렸어? | **Are you feeling better?** |
| | 넌   느끼니?   더 좋게 |

| 이제 괜찮아요. | **I'm okay now.** |
| | 난 괜찮아   이제 |

| 기분이 많이 좋아졌어요. | **I feel much better.** |
| | 난 느껴   훨씬   더 좋게 |

I'm bored.

지루해?
Are you bored?
넌　　　지루하니?

책이 지겹니?
Is the book boring?
그 책이　　　　지겹니?

왜 그리 하품을 하니? ### Why do you keep yawning?
왜　　　　넌　　　계속　　　하품하니?
* yawn 하품하다

지겨워요.
I'm bored.
난 지겨워

지겨워 죽겠어요.
I'm bored to death.
난 지겨워　　　　　죽을 만큼
* to death 죽을 정도로

재미가 하나도 없어요.
It's not fun at all.
그거　　안　　재밌어　전혀
* not ~ at all 조금도 ~ 아니다

이 영화 지루해요.
This movie is dull.
이　　　영화는　　　지루해
* dull 지루한

두렵거나 무서울 때
It's scary.

엄마, 무서워요.

Mom, I'm scared.

엄마　　　난 무서워

* scared 무서워하는, 두려운

왜 겁에 질렸어?

Why are you scared?

왜　　　　　넌　　　무서워하니?

뭐 무서운 거 있어?

Are you afraid of something?

넌　　　무섭니?　　무언가가

* afraid of ~가 무서운

무슨 일이야?

What's going on?

뭐가　　　일어나고 있어?

불안한 것 같네.

You look nervous.

넌　　　보여　　불안해

* nervous 불안해 하는, 초조해 하는

귀신이 무서워요.

I'm afraid of ghosts.

난 무서워　　　귀신이

* ghost 유령, 귀신

귀신 같은 건 없어.

There are no such things as ghosts.

없어　　　　　그런　　것은　　같은　귀신

* such ~ as... …와 같은 그런 ~

그게 무서워요.

It's scary.

그건 무서워

* scary 무서운

불안해요.

I'm nervous.

난 불안해

무릎이 떨릴
정도예요.

My knees are shaking.

내　무릎이　떨려

* shake 떨리다, 떨다

저 벌레 소름
끼쳐요.

The bug gives me goosebumps.

벌레가　줘요　내게　소름을

* goosebump 소름

아무것도 아냐.
내가 잡아 줄게.

It's nothing. I will catch it.

그건 아무것도 아냐　내가 거야　잡아줄　그거

무서울 게 하나도
없어.

There is nothing to be afraid of.

없어　아무것도　무서워 할

방에 혼자 있는 게
무서워요.

I'm afraid of being alone in my room.

난 무서워　있는 게　혼자　에　내　방

어두운 게 무서워요.

I'm scared of the dark.

난 무서워　어둠이

주사 맞는 거 무서워요.	**I'm afraid to get a shot.**
	난 무서워 / 맞는 게 / 주사
	* get a shot 주사 맞다

괜찮아. 곧 익숙해질 거야.	**It's okay. You'll get used to it.**
	괜찮아 / 넌 / 익숙해질 거야 / 그것에
	* get used to ~에 익숙해지다

엄마 때문에 놀랐잖아요!	**You scared me!**
	당신은 / 겁나게 했어 / 나를
	* scare 겁주다, 겁먹게 하다

엄마가 깜짝 놀라게 했잖아요!	**You made me jump!**
	당신은 / 만들었어 / 내가 / 화들짝 놀라게
	* jump 화들짝 놀라게 하다, 움찔하게 하다

용기를 내.	**Be brave.**
	해 / 용감히
	* brave 용감한

그렇게 겁쟁이처럼 굴면 안 돼.	**Don't be such a coward.**
	마 / 되지 / 그런 / 겁쟁이가
	* coward 겁쟁이

무서워하지 마.	**Don't be afraid.**
	마 / 무서워 하지

무서워할 것 없어.	**You don't need to be afraid.**
	넌 / 없어 / 필요가 / 두려워 할

내가 옆에 있잖아. **I'm here for you.**
내가 있어 여기 위해 너를

이리 와. 내가
꼭 안아줄게. **Come here. Let me hold you tight.**
와 이리 해 줘 내가 안게 널 꽉

정말 안심이 돼요. **I feel so relieved.**
난 느껴 무척 안심되게
• relieved 안도하는

이제 안 무서워요. **I'm not scared anymore.**
난 안 무서워 더 이상

미국 10대 중학생 소피아 책상소개 ♡ 화장대공개
Sophia's DESK TOUR & Desk Essentials!

지난번 방소개(Room Tour) 영상 올린 후 책상소개(Desk
Tour)와 화장대소개 요청을 많이 해주셔서 책상과 화장대
를 같이 공개할게요.
미국 10대 중학생의 Desk Essentials가 무엇일까요?

집안일 영어표현

14 집안일 하기

Do Chores

14-1 청소하기
14-2 설거지하기
14-3 빨래하기

Chores!
Vacuuming

Sophia English

I have to clean up now.

Mommy has lots of chores to do.

엄마가 집안일 할 게 많네.

엄마는   있어   많은   집안일이   할

• chore 집안일

Would you help me out with the chores?

집안일 하는 거 도와줄래?

넌 도와주겠니?   내가   집안일 하는 거

• help out ~를 도와주다

I have to clean up now.

이제 청소해야겠다.

난 돼   청소해야   지금

• clean up 청소하다

Who's gonna help Mommy?

엄마 도와줄 사람?

누가   거니?   도와줄   엄마를

• Who's gonna = Who is going to

I will help.

내가 도울게요.

내가 거야   도울

It's time to clean up your room now.

이제 네 방 청소할 시간이야.

시간이야   청소할   네   방을   지금

Let's open the windows, first.

먼저 창문부터 열자.

하자   열기를   창문   먼저

내가 창문 열게.

Let me open them.
해 줘　　내가　　열게　　　그것들을

넌 창문에서 떨어져 있어.

You'd better stay away from the windows.
넌　　　좋겠어　　　있는 게　　떨어져　　에서　　창문

* stay away from ~에서 떨어져 있다, 거리를 두다

침대 정리 좀 하자.

Let's make the bed.
하자　　정리하기를　　침대

* make the bed 침대 정리하다, 잠자리를 정돈하다

청소기 돌리기 전에 저 물건들 좀 치워.

Put the things away before vacuuming.
둬　　물건들을　　멀리　　전에　　청소기 돌리기

* put ~ away ~을 치우다
* vacuum 청소기로 청소하다

네 물건들은 제자리에 갖다 놔야지.

Put your things where they were before.
둬　　네　　물건들을　　곳에　　그것들이　　있었던　　전에

인형이랑 곰인형들 좀 주워.

Pick up the dolls and teddy bears.
주워　　인형들과　　곰인형들을

* pick up 집다, 들어올리다
* teddy bear 곰인형

엄마 이것들 버린다.

I'm gonna throw them away.
난 거야　　버릴　　그것들을

* throw away 버리다

아녜요, 제자리에 갖다 놓을게요.

No, I'm gonna put them back.
아니　　내가 거야　　둘　　그것들을　　다시

* put ~ back ~을 다시 제자리에 두다

이제 카펫은
청소기로 돌리자.

Now let's vacuum the carpet.

이제   하자   청소기 돌리기를   카펫

* carpet 카펫, 양탄자

내가 도울래요.

Let me help you.

해 줘   내가   돕게   당신을

그럼 청소기 같이
잡고 하자.

Then let's hold it together.

그럼   하자   잡기를   그걸 함께

바닥에 머리카락이
많네.

There is a lot of hair on the floor.

있어   많은   머리카락이 위에   바닥

구석구석 깨끗하게
해야 해.

We have to clean every corner.

우린   돼   치워야   모든   구석을

청소하는 건 매우
힘들어.

Cleaning is so hard.

청소는   매우   힘들어

방방마다 깨끗하게
청소하자.

Let's make every room clean.

하자   만들기를   모든   방을   깨끗이

바닥을 그냥 쓸어내자.

Let's just sweep the floor.

하자   그냥   쓸기를   바닥

* sweep (빗자루로) 쓸다

이제 엄마
걸레질해야겠다.

Now I have to wipe the floor.

이제 난 돼 닦아야 바닥을

* wipe 닦다

엄마가 먼지
닦아 낼게.

Mommy will wipe the dust off.

엄마는 거야 닦을 먼지를

* wipe ~ off ~을 없애다 | dust 먼지

여기 지저분한
게 안 닦여요.

I can't get this dirt off.

난 없어 없앨 수 이 먼지를

* get ~ off ~을 지워 버리다 | dirt 먼지, 때

내가 박박 문질러
닦아 낼게.

Let me scrub it off.

해 줘 내가 문지르게 그걸

* scrub ~ off 문질러 ~을 없애다, 제거하다

이제 훨씬
깨끗해졌네.

It is much cleaner now.

그건 훨씬 더 깨끗해 이제

도와줘서 고마워.

Thank you for your help.

고마워 대해 너의 도움에

네가 도와줘서
빨리 끝냈어.

I finished earlier because of your help.

난 끝냈어 빨리 때문에 네 도움

* earlier 예상보다 일찍

설거지하기
I'll wash the dishes.

식탁 치우자.

Let's clean up the table.

하자   치우기를   식탁

식탁 좀 닦아 줄래?

Can you wipe the table off for me?

있니?   넌   닦을 수   식탁을   위해   날

싱크대에 그릇 갖다 넣어 줘.

Put the bowls in the sink, please.

둬   그릇들을   안에 싱크대   제발   • sink 싱크대, 개수대

식기세척기에 그릇 넣어 줘.

Put the bowls in the dishwasher.

둬   그릇들을   안에 식기세척기   • dishwasher 식기세척기

살살 집어 넣어야지.

You should put them in gently.

넌   돼   넣어야 그것들을   살살   • gently 부드럽게

엄마 설거지하는 거 도울래?

Will you help Mommy do the dishes?

넌 도와줄 거니?   엄마가   설거지하는 걸   • do the dishes 설거지하다

* 집안일은 do the + 명사의 형태로 표현할 수 있어요. '설거지하다'는 do the dishes, '빨래하다'는 do the laundry, '집안일하다'는 do the chores.와 같이 말하면 돼요.

옷 젖지 않게 조심해.

Be careful not to wet your clothes.

조심해   안   적시게   네   옷을   • wet 젖게 하다, 젖은

물 틀어 봐.

Turn the water on.

틀어　　　　물을

* turn on (물을) 틀다

물 튀기지 마라.

Don't splash the water.

마　　　　튀기지　　　　물

내가 설거지를 할게.

I'll wash the dishes.

내가 거야 설거지를 할

수세미로
그릇을 닦아 봐.

Wash the bowls with the sponge.

씻어　　　　그릇들을　　　　로　　　수세미

수세미로 그릇을
문지르는 거야.

Rub the bowls with the sponge.

문질러　　그릇들을　　　　로　　　수세미

그릇이 미끄러워요.

The bowls are slippery.

그릇이　　　　　　미끄러워

* slippery 미끄러운

안 떨어뜨리게
조심해.

Be careful not to drop them.

조심해　　　　　안　　　떨어뜨리게　　　그것들을

유리잔 안 깨게
조심해.

Be careful not to break the glasses.

조심해　　　　　안　　　깨게　　　　유리잔들을

* glass 유리잔

| 손 다칠라. | You might hurt your hand. |
| | 넌　　　있어　　다칠수　네　　손을 |

이 접시는 끈적거려요.	This dish is sticky.
	이　　접시는　끈적여
	• sticky 끈적끈적한

이거 안 씻겨져요.	It's hard to wash this off.
	어려워　　　씻어내기　　이걸
	• wash off 씻어내다

접시에 기름기가 있네. 뜨거운 물을 써.	The dishes are greasy. Use hot water.
	접시들이　　　　기름져　　　사용해　뜨거운　물을
	• greasy 기름이 많이 묻은

깨끗이 헹궈.	Rinse thoroughly.
	헹궈　　철저하게
	• thoroughly 철저하게

그릇들을 선반에 올려 놔.	Place the bowls on the rack.
	둬　　　그릇들을　　　위에　선반
	• rack 선반, 받침대

그릇들을 엎어 놔.	Put them upside down.
	둬　그것들을　뒤집어서
	• upside down (아래위가) 거꾸로

| 그릇과 접시들이 모두 깨끗해졌네. | Now the bowls and the dishes are all clean. |
| | 이제　　그릇들과　　　접시들이　　　　　다　깨끗해 |

I have to do the laundry.

빨래가 산더미네.

The laundry is piled up.
빨래가   쌓여 있어

• laundry 세탁물 | pile up 쌓이다

빨래해야겠다.

I have to do the laundry.
내가   돼   빨래를 해야

• do the laundry 빨래하다

지저분한 옷들 빨자.

Let's wash the dirty clothes.
하자   씻기를   더러운   옷들

네 빨래도 가져오렴.

Bring me your laundry, too.
가져와   내게   네   빨래를   역시

빨랫감을 세탁기에 넣어.

Put the laundry in the machine.
둬   빨랫감을   안에 세탁기

• (washing) machine 세탁기

먼저 전원 버튼 눌러.

Push the power button first.
눌러   전원   버튼을   먼저

내가 세제 넣을게.

Let me put in the detergent.
해 줘   내가   넣게   세제를

• detergent 세제

이제 시작 버튼 눌러.	**Now push the start button.**
	이제 눌러 시작 버튼을

빨래가 끝났네!	**The laundry is done!**
	빨래가 끝났다

내가 빨래 너는 거 도와줄래?	**Will you help me hang the wet clothes?**
	넌 도와줄래? 내가 너는 걸 젖은 옷들을 • hang 널다

건조대에 널어 봐.	**Put them on the rack.**
	둬 그것들을 위에 걸이

널기 전에 탈탈 잘 털어.	**Shake them well before hanging them.**
	털어 그것들을 잘 전에 널기 그것들을

빨래집게가 있어야겠네.	**We will need some clothespins.**
	우린 거야 필요할 좀 빨래집게가 • clothespin 빨래집게

그 셔츠는 옷걸이에 걸어 봐.	**Put that shirt on the hanger.**
	둬 그 셔츠를 옷걸이에 • hanger 옷걸이

양말들은 아래쪽에 널어.	**Hang the socks down below.**
	널어 양말들을 아래쪽에 • socks 양말 | down below 아래쪽에

잘 널어야지.

You should hang them properly.
넌 돼 널어야 그것들을 잘

(빨래)걸이 위쪽 단에 닿을 수가 없어요.

I can't reach the upper rungs of the rack.
난 없어 닿을 수 위쪽 단에 걸이의

- upper 윗부분
- rung 가로단

빨래가 말랐네.

The laundry is dry.
빨래가 말랐어

- dry 마른, 마르다

옷들을 걷자.

Let's bring the clothes in.
하자 들이기를 옷들을 안으로

- bring ~ in ~을 (안으로) 들여오다

옷들을 걷자.

Let's get the clothes off.
하자 걷기를 옷들을

빨래 개는 게 귀찮네.

It's bothersome folding the laundry.
귀찮아 개기가 빨래

- bothersome 성가신
- fold 접다, 개다

네가 도와주면 훨씬 빨리 끝날 거야.

If you help me, I could finish this much sooner.
만약 네가 도우면 날 나는 있어 끝낼 수 이걸 훨씬 더 빨리

이거 어떻게 해야 돼요?

What should I do with these?
뭘 돼? 내가 해야 로 이것들

옷을 어떻게 개는지
보여 줄게.

Let me show you how to fold the clothes.

해 줘　내가　보여 주게　네게　어떻게　개는지　옷들을

나처럼 옷을
반으로 접어 봐.

Fold this in half like I do.

접어　이걸　반으로　처럼　내가 하는 것

깔끔하게 개 봐.

Fold it neatly.

접어　그걸 깔끔하게

안 무너지게 잘 쌓아.

Pile them well so they don't fall.

쌓아　그것들을　잘　그래서 그것들이　안　무너지게

* pile 쌓다, 포개다

이거 누구 거예요?

Whose is this?

누구 거야?　이거

그거 아빠 거네.

That belongs to Daddy.

그건　속해　에게 아빠

* belong to ~에 속하다, ~것이다

양말은 짝을
맞춰서 둬.

Put the socks together in pairs.

둬　양말은　같이　쌍으로

* in pairs 둘씩 짝을 지어

이제 네 옷들은
서랍에 넣어야지.

Now put your clothes in the drawer.

이제　넣어　네　옷들을　안에 서랍

속옷은 위쪽 서랍에 넣어.	**Put your underwear in the upper one.**		
	넣어　네　　속옷들을　　　　위쪽 것에		

이 옷들은 다림질해야겠다.	**These need to be ironed.**		· iron 다림질하다
	이것들은　　필요가 있어　　다림질될		

다리미 가까이에 오면 안 돼.	**Don't get close to the iron.**		· iron 다리미
	마　　오지　가까이　에　다리미		

다리미는 정말 뜨거워. 위험하단다.	**This is really hot. It's dangerous.**		· dangerous 위험한
	이건　　정말　　뜨거워　위험해		

데이면 안 돼.	**Don't burn yourself.**		
	마　　데이게 하지　널		

▶ **파스텔핑크 액괴만들기 ♡ 초간단 액체괴물만들기 성공 100%**
How to make Pastel Pink Slime

너무 예쁜 파스텔핑크 액괴만들기를 해보려고 해요.
미국에서는 액체괴물을 Slime이라고 한답니다! 초간단해
서 실패율 0%

외출할 때 영어표현

Check!

Going Out

우산 챙기자

Let's take your umbrella.

You **Tube**

Sophia English

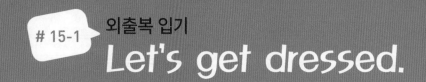

Let's get dressed.

옷 입자.

Let's get dressed.

하자　　옷 입기를

• get dressed 옷 입다

옷 갈아입자.

Let's get changed.

하자　　갈아입기를

• get changed 옷을 갈아입다

새 옷으로 갈아입자.

Let's change into your new clothes.

하자　　갈아입기를　　으로　　네　　새　　옷

잠옷 벗어야지.

Take your pajamas off.

벗어　　네　　잠옷을

• take off 벗다

오늘 무슨 옷
입고 싶어?

What would you like to wear today?

무얼　　넌 싶어?　　　　　　입고　　오늘

• wear 입다

오늘은 무슨 셔츠
입을래?

Which shirt do you wanna put on today?

어떤　　셔츠를　　넌　　원해?　　입기　　오늘

• put on 입다, 쓰다, 신다

분홍색 새 원피스
어때?

How about your new pink dress?

어때?　　　　너의　　새　　분홍　　원피스는

• How about ~? ~는 어때?

파란색 치마 입고 싶어요.	**I'd like to wear the blue skirt.**
	난 싫어 입고 파란 치마를

흰 블라우스가 그 치마랑 어울리 겠구나.	**The white blouse would go well with that skirt.**
	하얀 블라우스가 어울릴거야 그 치마와 * go well with ~와 어울리다

팔 들어 봐.	**Arms up.**
	팔 들어

다리 들어 봐.	**Lift your leg up.**
	들어 네 다리를 위로 * lift up 들어 올리다

이 셔츠 입어 봐.	**Put this shirt on.**
	입어 이 셔츠를

혼자 옷 입을 수 있겠어?	**Can you get dressed by yourself?**
	있니? 넌 입을 수 너 혼자

나 혼자 입을 수 있어요.	**I can put this on on my own.**
	난 있어 입을 수 이걸 나 혼자 * on one's own 혼자, 스스로

셔츠를 뒤집어 입었네.	**You have your shirt on inside out.**
	넌 입었어 네 셔츠를 뒤집어 * have on ~을 입다 * inside out 안팎이 뒤집힌

스웨터 앞뒤를
거꾸로 입었네.

You have your sweater on backwards.

넌　　입었어　네　　스웨터를　　거꾸로

* backwards 앞뒤를 거꾸로

셔츠 벗어서
다시 입어.

Take the shirt off and put it on again.

벗어　　셔츠를　　　그리고　입어　그거　다시

단추 채우자.

Let's button it.

하자　　단추 채우기를　그거

* button 단추를 잠그다

단추 풀자.

Let's unbutton it.

하자　　단추 풀기를　　그거

* unbutton 단추를 풀다

엄마, 단추 좀
잠가 주세요.

Mom, button me up, please.

엄마　　내 단추를 채워　　　　주세요

* button up 단추를 잠그다

그래. 단추
잠가 줄게.

Okay. Let me button you up.

그래　　해 줘　내가　네 단추를 채우게

버튼 하나가 빠졌네.

One button came off.

하나의　버튼이　　빠졌네

* come off ~에서 떨어지다

그거 다시 꿰매서
달아 주실 수
있어요?

Can you sew it back on?

있어?　당신은　꿰매 줄 수　그거 다시

* sew ~ back on ~을 바늘로 꿰매서 다시 달다

지퍼 잠가 줄게.

Let me zip you up.

해 줘　내가　네 지퍼를 잠그게

• zip up 지퍼를 잠그다

지퍼 올려/내려.

Pull your zipper up/down.

당겨　네　지퍼를　위/아래로

바지 입어야지.

Put your pants on.

입어　네　바지를

이 바지가 너무 꽉 끼네.

These pants are too tight.

이　바지가　너무　꽉 껴

정말이지 금방 자라는구나.

You're growing up so fast.

네가　자라고 있어　정말 빨리

• grow up 자라다

바지 지퍼가 열렸어.

Your fly is open.

네　지퍼가 열렸어

• fly 바지 지퍼

셔츠를 바지 속으로 넣어야지.

Tuck your shirt in.

넣어　네　셔츠를　안으로

• tuck in 밀어 넣다, 접다

양말 신어 봐.

Put your socks on.

신어　네　양말을

Let's comb your hair.

머리가 엉망이네.	**Your hair is messy.**
	네　　　머리가　　엉망이야

* messy 지저분한, 엉망인

머리가 헝클어졌어.	**Your hair is tangled.**
	네　　　머리가　　엉켰어

* tangled 엉킨, 헝클어진

머리 빗자.	**Let's comb your hair.**
	하자　　　빗기를　　네　　머리를

* comb 빗질하다, 빗

우선 머리에 물 좀 뿌려야겠다.	**I'd better spray water on your hair first.**
	난 좋겠다　　뿌리는 게　　물을　　네 머리에　　먼저

* spray 뿌리다, 살포하다

가르마 타 줄게.	**Let me part your hair.**
	해 줘　내가　가르게　네　머리를

* part 가르다, 벌리다

머리 뒤로 묶어 줄게.	**Let me tie your hair back.**
	해 줘　내가　묶게 네　머리를　뒤로

* tie 묶다

머리 어떻게 해 줄까?	**How would you like your hair?**
	어떻게 하기를 넌 원해?　　네　　머리를

| 뒤로 묶을까, 양 갈래로 묶을까? | **Do you want a ponytail, or pigtails?** |
| | 넌　　원해?　　뒤로 묶기를　　또는　갈래 묶기를 |

머리 풀어 줄게.	**I'll let your hair down.**
	난 풀거야　네　　머리를　　아래로
	• let one's hair down 머리를 풀다

머리를 땋고 싶어요.	**I want it braided.**
	난 원해　　그걸 땋기를
	• braided (머리를) 땋은

| 머리 어때? (머리가 마음에 드니?) | **How do you like your hair?** |
| | 어떠니?　　　　　　네　　머리가 |

| 마음에 안 들어요. | **I don't like it.** |
| | 난 안　　좋아　　그거 |

알았어. 땋은 거 풀어 줄게.	**Okay. I'll undo your braids.**
	그래　　난 풀게　　네　　땋은 머리를
	• undo 풀다, 열다

그냥 머리핀 꽂자.	**Let's just wear a hair clip.**
	하자　　그냥　　꽂기를　　머리핀
	• hair clip 머리핀

둥근 번 스타일 머리 (쪽을 진 머리)를 하자.	**Let's put your hair in a bun.**
	하자　　두기를　너의　　머리를　올려서 쪽지게
	• in a bun 쪽진 머리로

Put your shoes on.

| 신발 신어. | **Put your shoes on.** |
| | 신어　　　네　　　신발을 |

| 신발 짝을 바꿔 신었네. | **You're wearing your shoes on the wrong feet.** |
| | 넌　　신고 있어　　네　　신발을　　잘못된 발에 |

| 바꿔 신어. | **Switch the shoes.** |
| | 바꿔　　　신발을 · switch 바꾸다 |

| 운동화 신는 게 좋겠다. | **You'd better put sneakers on.** |
| | 넌　　좋겠어　　신는 게 운동화를 · sneakers 운동화 |

| 신발끈이 풀렸네. | **Your shoelaces are undone.** |
| | 네　　신발끈이　　풀렸어 · shoelaces 신발끈 ㅣ undone 풀린 |

| 내가 신발끈 묶어 줄게. | **Let me tie your shoelaces.** |
| | 해 줘　내가　묶게　네　신발끈을 |

| 이 신발 너무 작지 않니? | **Aren't these too small?** |
| | 않아?　　이거　　너무　작지 |

신발이 꽉 껴요. These shoes are tight.

이 　　　신발이 　　꽉 껴

쑥쑥 커서 신발이 맞지 않네. You've **outgrown** your shoes.

넌 　　많이 컸어 　　네 　　신발보다 　　*outgrow 너무 커져 (옷 등이) 맞지 않게 되다

새 신발 한 켤레 사자. Let's buy a new pair of shoes.

하자 　사기를 　새 신발 한 켤레 　　*a pair of ~ 한 켤레

한 치수 더 큰 걸로 사야겠다. We have to buy a pair one size bigger.

우린 　돼 　　사야 　켤레를 　한 　치수 　더 큰

이걸로 한번 신어 봐. Try these ones on.

신어 봐 이것들을 　　*try on 한번 신어 보다

이것들 너무 큰가요? Are these too big?

이거 　너무 　커?

이 신발은 맞아? Do these shoes fit?

이 　　신발이 　　맞아? 　　*fit 딱 맞다

네, 맞아요. Yes, they fit.

응 　　그것들은 　맞아

Do we have everything we need?

뭘 가져가야 할까? | **What do we have to take with us?**
무얼　　　　우린　돼?　　　가져가야　우리와

우산 챙기자. | **Let's take your umbrella.**
하자　가져가기를 네　　우산

돗자리 챙기자. | **Let's take the picnic blanket.**
하자　가져가기를　소풍　　매트
• picnic 소풍, 피크닉

물이랑 물티슈 가져가자. | **Let's take some water and wet wipes.**
하자　가져가기를 약간의　물과　　　물티슈
• wet wipes 물티슈

배낭을 메야지. | **Put your backpack on.**
메　너의　배낭을
• backpack 배낭

방한용 장갑 가져와. | **Get your winter gloves.**
가져와　네　방한용 장갑을
• winter gloves 방한용 장갑

네 가방에 휴지 넣자. | **Let's put the tissue box in your bag.**
하자　넣기를 휴지 상자　　안에 네　가방
• box 상자, 갑

| 엄마 휴대폰 충전됐니? | **Is my cell phone charged?** |
| | 내 휴대폰 충전됐니 |

*cell phone 휴대폰 | charge 충전하다

| 열쇠를 어디에 뒀었지? | **Where did I put the keys?** |
| | 어디에 내가 뒀나? 열쇠를 |

| 나가기 전에 엄마 가방 좀 확인해야 겠어. | **Let's check Mommy's bag before we go out.** |
| | 하자 확인하기를 엄마의 가방을 전에 우리 나가기 |

| 내 지갑 본 적 있니? | **Have you seen my wallet?** |
| | 넌 본 적 있니? 내 지갑을 |

* Have you seen ~?은 '~을 본 적 있니?'라는 뜻으로 have+p.p의 현재완료형 용법 중 경험에 해당돼요. Have you been there? (거기에 가 본 적이 있니?), I've seen him once. (나는 그를 한 번 본 적이 있다.)처럼 현재완료 시제를 이용한 표현들을 연습해 보세요.

| 우리 필요한 거 다 챙겼지? | **Do we have everything we need?** |
| | 우린 있니? 모든 게 우리가 필요한 |

| 뭐 잊은 거 없어? | **Is there anything we forgot?** |
| | 있니? 뭔가가 우리가 잊은 |

*forget 잊다, 잊어버리다 (forget-forgot-forgotten)

| 다시 한번 확인하자. | **Let's double check.** |
| | 하자 재확인하기를 |

*double check 재확인하다

You need a haircut.

머리가 길었네.

Your hair has grown long.
네   머리가   자랐어   길게

• grow 자라다, 기르다 (grow-grew-grown)

머리 좀 다듬어야겠다.

You need to have your hair trimmed.
넌   필요해   하는 게   네   머리를   다듬게

• trim 다듬다

머리 잘라야겠다.

You need a haircut.
넌   필요해   머리 자르는 게

• haircut 이발, 머리 깎기

머리 자르기 싫어요.

I don't want a haircut.
난 안   원해   머리 자르는 거

머리 때문에 지저분해 보여.

You look messy because of your hair.
넌   보여   지저분하게   때문에   네   머리

미용실에 가자.

Let's go to a beauty salon.
하자   가기를   미용실에

• beauty salon 미용실

미용실 가기 싫어요.

I don't wanna go to the beauty salon.
난 안   원해   가는 걸   미용실에

무서워요.

It's scary.
그건 무서워

하나도 안 무서워.

It's not scary at all.
그건　안　무서워　전혀

머리 어떻게 하고
싶어?

How would you like your hair done?
어떻게　넌 하고 싶니?　네　머리가　되게

앞머리를 내리고
싶어요.

I want bangs.
난 원해　앞머리 내리기를 　•bang 단발의 앞머리

약간 다듬기만 하자.

Let's just trim it a little.
하자　그냥　다듬기를 그거 조금

짧게 하자.

Let's make it short.
하자　만들기를　그걸 짧게

너무 짧게 자르기
싫어요.

I don't like it too short.
난 안　원해　그게 너무　짧은 걸

파마를 하는 건
어떨까?

How about getting a perm?
어때?　하는 게　파마를　•perm 파마

곱슬머리가 어울릴 거야.

Curly hair would look good on you.

곱슬 머리는 보일 거야 좋아 네게

• curly 곱슬거리는
• look good on ~와 잘 어울리다

네 머리는 곱슬머리야.

Your hair is curly.

네 머리는 곱슬거려

머리를 펴자.

Let's get it straightened.

하자 되도록 그걸 펴지게

• straighten 펴다, 곧게 하다

머리 어때?

How do you like your hair?

어때? 네 머리가

마음에 들어?

Do you like it?

넌 좋아? 이거

너 정말 근사한데! (멋져 보이는데!)

You look so great!

너 보여 아주 멋지게

훨씬 더 예뻐졌네/ 잘생겨졌네.

You look much prettier/more handsome.

넌 보여 훨씬 더 예쁘게/더 잘생기게

• handsome 잘생긴, 멋진

진작에 머리할 걸 그랬잖아.

You should have had your hair done earlier.

넌 했어야 했어 네 머리를 되게 진작

Let's go to the bookstore.

서점에 가자.

Let's go to the bookstore.

하자　가기를　에　서점

• bookstore 서점

책을 좀 사야겠어.

We need to buy some books.

우린　필요가 있어　살　좀　책들을

가장 좋아하는 장르는 어떤 거야?

What's your favorite genre?

뭐야?　너의　가장 좋아하는　장르가

• genre 장르

어떤 책 읽고 싶어?

What books do you want to read?

어떤　책들을　넌　원해　읽기를

동화책 읽고 싶어?

Do you want to read story books?

넌　원해?　읽기를　동화책

• story book 동화책

이 어린이 사전은 어때?

How about this children's dictionary?

어때?　이　어린이　사전

• dictionary 사전

읽고 싶은 책 골라 봐.

Choose some books you'd like.

골라　좀　책들을　네가 원하는

디즈니 책 좀
찾아 주세요.

Find me some Disney books.

찾아 줘　　내게　　몇몇의　　디즈니　　책들을

여기 있네.

Here they are.

여기　　그것들　　있어

이거 읽자.

Let's read this one.

하자　　읽기를　　이거

나 이거 사 주세요.

Buy me this one.

사 줘　　내게　　이거

책 제목이 뭐야?

What is the book's title?

뭐야?　　그 책의　　제목은

* title 제목

엄마는 이 책이
재미있는 것 같아.

Mommy thinks this book is interesting.

엄마는　　생각해　　이　　책이　　재미있다고

나는 책 읽는 걸
너무 좋아해요.

I love reading.

나 좋아해　　책읽는 걸

* love 뒤에 동사+ing 형태가 오면 '~하는 것을 매우 좋아하다'라는 뜻이 됩니다. 하지만 뒤에 to+동사 형태가 오면 '정말 ~하고 싶다'라는
  의미가 되지요. 뒤에 오는 단어의 형태에 따라 전혀 다른 의미가 되므로 구분해서 기억해야 합니다.

두 책 다 사자.

Let's buy both books.

하자　　사기를　　두　　책들을

* both 둘 다(의)

Let's go to the library.

도서관 가자.

Let's go to the library.
하자 가기를 에 도서관

• library 도서관

네가 읽고 싶은
책들 빌리자.

Let's borrow books you'd like to read.
하자 빌리기를 책들을 네가 싶은 읽고

• borrow 빌리다

지난번에 빌렸던
책 가지고 와.

Get the books we borrowed last time.
가져와 책들을 우리가 빌렸던 지난 번에

그 책들 도서관에
반납해야지.

We have to return them to the library.
우린 돼 돌려줘야 그것들을 에 도서관

• return 돌려주다, 반납하다

도서관에서는
조용히 해야 돼.

You have to be quiet in the library.
넌 돼 조용해야 에서 도서관

다들 일도 하고
공부도 하고 있잖아.

People are working and studying here.
사람들이 일하고 있어 그리고 공부하고 있어 여기서

다른 사람들
방해하면 안 돼.

You should not disturb people.
넌 안 돼 방해하면 사람들을

• disturb 방해하다

| 목소리를 낮춰. | **Lower** your voice. |
| | 낮춰　　네　　목소리를 |

* lower 낮추다, 내리다

| 읽고 싶은 책들
꺼내 와. | **Pick** some books you'd like to read. |
| | 꺼내　좀　　책들을　네가　싶은　읽고 |

| 이 책 재미있겠다. | This book looks **interesting**. |
| | 이　책은　보여　재미있게 |

| 그거 읽을까? | **Do you want to** read it? |
| | 넌　원해?　읽기를　이거 |

| 이리 와서
옆에 앉아. | **Come and sit** beside me. |
| | 와서　앉아　옆에　내 |

| 읽고 싶은 만큼 읽어. | Read **as much as** you want. |
| | 읽어　많이　만큼 네가 원하는 |

| 책 읽어 줬으면
좋겠어? | **Do you want me to** read it to you? |
| | 넌　원해　내가 읽어 주기를 그걸 에게 너 |

| 작게 읽어 줄게. | I'll read it to you **in a low voice**. |
| | 난 읽을게　그걸 에게 너　낮은 목소리로 |

| 다른 책도 더 읽어 주세요. | Read me another book. |
| | 읽어 줘   내게   다른   책을 |

| 사서선생님한테 가서 책 찾아 달라고 부탁해 봐. | Ask the librarian to find the book. |
| | 부탁해   사서에게   찾도록   책을   • librarian 사서 |

| 사서선생님한테 가서 추천해 달라고 부탁하렴. | Ask the librarian for a recommendation. |
| | 부탁해   사서에게   추천을   • recommendation 추천 |

| 컴퓨터로 책을 검색할 수 있어. | You can search for the books on the computer. |
| | 넌   있어   찾을 수   책들을   컴퓨터로   • search for ~를 찾다 |

| 이게 책 번호야. | This is the number of the book. |
| | 이건   번호야   책의 |

| 이 번호로 책을 찾을 수 있어. | You can find the book using this number. |
| | 넌   있어   찾을 수   책을   사용해서   이   번호를 |

| 책이 이 근처에 있어야 하는데. | The book has to be around here. |
| | 그 책이   돼   있어야 주변에   여기 |

| 그 책은 이 서가에 있을 거야. | The book must be here on this shelf. |
| | 그 책은   틀림없이   있어   여기   위에   이   칸   • shelf 책꽂이, (책장의) 칸 |

| 여기에 책이 있어. | **Here is the book.** |
| | 여기　　　있어 책이 |

| 책을 못 찾겠네. | **I can't find the book.** |
| | 난 없어　　　찾을 수　 그 책을 |

| 누가 그 책을 대출해 갔나 봐. | **Someone must have borrowed the book.** |
| | 누군가　　　　　틀림없이　대출했어　　　　　그 책을 |

| 그 책을 예약해 둬야겠다. | **We'd better reserve the book.** |
| | 우린　　예약하는 게　　그 책을 |

* reserve 예약하다

| 우리 벌써 가요? | **Are we going already?** |
| | 우리　　갈 거야?　　벌써 |

| 더 읽고 싶어요. | **I'd like to read more.** |
| | 난 싶어　　읽고　　더 |

| 우리 지금 가야 돼. | **We have to go now.** |
| | 우리　　돼　　가야 지금 |

| 네가 원했던 책 가졌니? | **Did you get the book you wanted?** |
| | 너　　가졌니? 그 책　　니가　　원하던 |

How about going to see a movie?

영화 보러 가는
거 어때?

How about going to see a movie?
어때?　　　　　가는 게　　보러　　　영화　　　　　　　　° see a movie 영화를 보다

너 그 영화 보고
싶댔어, 그렇지?

You said you wanted to see the movie, right?
넌　　말했어　네가　원한다고　보기를　그 영화　　맞지?

저 그 애니메이션
보고 싶어요.

I'd like to see the animation.
난 싶어　　보고　　그 애니메이션을　　　　　° animation 만화영화

내용이 뭐지?

What is it about?
뭐에　　그건 대한 거야?

슈퍼 히어로에
관한 거예요.

It's about super heroes.
그건 관한 거예요　슈퍼 영웅에　　　　　° hero 영웅

디즈니 영화예요.

It's a Disney movie.
그건 디즈니 영화야

난 그런
거 별로인데.

I don't like that kind of stuff.
난 안　좋아해　그런　종류의　　것　　　　° stuff 것

엄마, 제발요.
그 영화 보러 가요.

Mom, please. Let's go see the movie.

엄마　　　제발　　　하자　　가기를 보러　　그 영화

우선 예매부터
해 놓자.

Let's make a reservation first.

하자　　예약하기를　　　　　　　먼저　　　　　* make a reservation 예약하다

팝콘이랑 탄산
음료 사자.

Let's buy popcorn and sodas.

하자　　사기를　　팝콘과　　　　　탄산음료　　　　* soda 탄산음료

나초 좀 주실래요?

Can I get nachos?

돼요?　　나 가져도　나초

먼저 좌석 확인하자.

Let's check our seat first.

하자　　확인하기를　우리의　좌석　　먼저　　　　* check 확인하다

우리 좌석은 F9랑
F10이네.

Our seats are F9 and F10.

우리의　　좌석은　　F9와 F10이야

여기 안은 어두워.
발밑 조심해.

It's dark in here. Watch your step.

어두워　　　여기 안은　　조심해　　네　　걸음을

휴대폰을 진동으로
바꿔요.

Put your phone on vibration mode.

하자　네　　전화를　　진동 상태로　　　　　　* vibration 진동

| 나는 예고편 보는 게 좋아요. | I like watching previews. |
| | 난 좋아   보는 게   예고편   *preview 예고편 |

| 예고편 보는 게 재미있어요. | It's fun to watch previews. |
| | 재밌어   보기가   예고편 |

| 이제 영화 시작한다. | Now the movie is beginning. |
| | 이제   영화가   시작한다 |

| 정말 신나요. | I'm so excited. |
| | 난   정말 신나 |

| 어땠어? | How did you like it? |
| | 어땠어?   그게 |

| 재미있었어? | Did you enjoy it? |
| | 넌   즐겼어?   그걸 |

| 네. 정말 재미있었어요. | Yeah. It was exciting. |
| | 응   그건   흥미진진했어 |

| 생각보다 더 재미있더라. | It was more fun than I expected. |
| | 그건   더 재미있었어   보다   내가 기대한 것   *expect 기대하다 |

Let's drop by the bank.

은행에 좀 들르자.	**Let's drop by the bank.**
	하자　　들르기를　　은행에　　　　　　　　　　　• drop by ~에 들르다

왜요? 엄마 돈 없어요?	**Why? Don't you have money?**
	왜?　　안　　당신은　가졌어?　돈을　　　　　　　• money 돈

응, 없어.	**No, I don't.**
	응　　난 없어

돈 좀 찾아야 해.	**I need to withdraw some money.**
	난 필요가 있어　　인출할　　좀　　돈을　　　　• withdraw 인출하다

현금 인출기로 가자.	**Let's go to the ATM.**
	하자　　가기를　자동 현금 인출기로　　• ATM(automated teller machine) 자동 현금 인출기

내가 할래요.	**Let me do this.**
	해 줘　내가　하게　이거

여기 홈에 카드 넣어.	**Insert the card into this slot.**
	넣어　　카드를　　안으로　이　홈　　• insert 삽입하다 ┃ slot 홈

출금을 눌러.

Select withdraw.

선택해   출금을

• select 선택하다

5만원 눌러.

Select fifty thousand won.

선택해   5만원을

비밀번호 입력해.

Enter the PIN.

입력해   비밀번호를

• PIN(personal identification number) 비밀번호

1234야.

It's 1234.

1234야

사람들이 못 보게
해야 돼.

Make sure no one is watching you.

확실히 해   아무도   못 보게   널

영수증은 받을
필요 없어.

We don't need to take the receipt.

우린   없어   필요가   받을   영수증을

• receipt 영수증

카드 꺼내.

Take the card.

꺼내   카드를

현금이 나왔네.
꺼내야지.

The money is out. Take it.

돈이   나왔어   꺼내   그거

옷 벗기
Take off your clothes.

신발 정리해야지.

Arrange your shoes.
정리해 　 네 　 신발을

신발을 한쪽에
가지런히 둬야지.

Put your shoes aside neatly.
둬 　 네 　 신발을 　 한쪽으로 　 깔끔하게

* put ~ aside ~을 한쪽으로 치우다
* neatly 깔끔하게, 깨끗하게

옷 벗어.

Take off your clothes.
벗어 　 네 　 옷을

코트는 옷걸이에
걸자.

Let's hang the coat on the hanger.
하자 　 걸기를 　 코트 　 옷걸이에

재킷 지퍼 내려.

Unzip your jacket.
지퍼 내려 　 네 　 재킷

* unzip 지퍼를 내리다

네가 셔츠 단추 풀
수 있어?

Can you unbutton your shirt by yourself?
있니? 　 넌 　 단추 풀 수 　 네 　 셔츠 　 너 혼자

잠옷으로 갈아입어.

Change into pj's.
갈아입어 　 으로 　 잠옷

* pj's pajamas (잠옷)의 줄임말

옷 어떻게 해야 할까? **What do you** have to **do with your clothes?**

뭘 넌 되니? 해야 으로 네 옷

옷을 바닥에 던지지 마. **Don't throw** the clothes on the floor.

마 던지지 옷을 위에 바닥

양말은 세탁 바구니에 갖다 넣어. **Put your socks away** in the laundry basket.

넣어 네 양말을 안에 세탁 바구니

· put ~ away ~를 넣다, 치우다

옷을 빨래 담는 바구니에 넣어라. **Put the clothes** in the hamper.

넣어 옷을 안에 빨래 바구니

· hamper 빨래 바구니

이 바지는 빨아야겠다. **I need to wash** these pants.

난 필요해 빨기가 이 바지를

이 셔츠는 다시 입어도 되겠네. **This shirt looks okay** to wear again.

이 셔츠는 보여 괜찮게 입기에 다시

네가 입었던 옷 먼지 털어 줄게. **I'll dust off** the clothes you wore.

난 털 거야 옷을 네가 입었던

· dust off 먼지를 털다

옷은 옷장에 다시 넣어 둬. **Put your clothes back** in the closet.

넣어 네 옷을 다시 안에 옷장

교통 영어표현

16 교통

Transportation

- # 16-1 걷기
- # 16-2 길을 건널 때
- # 16-3 승용차 타기
- # 16-4 차가 막힐 때
- # 16-5 지하철에서
- # 16-6 버스에서

안전벨트 해!

Buckle up!

YouTube

Sophia English

걷기

Let's walk to the playground.

놀이터까지
걸어가자.

Let's **walk to** the playground.
하자　　걷기를　　로　　놀이터

걸어서 공원에 가자.

Let's go to the park **on foot.**
하자　　가기를 으로 공원　　　　　걸어서

*on foot 걸어서

강아지 산책시키자.

Let's **walk** the dog.
하자　　산책시키기를 개

*walk (동물을) 걷게 하다, 산책시키다

엄마 손 잡고
걸어야지.

Hold Mommy's hand and walk.
잡아　　엄마의　　　　손을　　그리고　　걸어

잠깐 좀 쉬자.

Let's **take a break.**
하자　　갖기를　　휴식

*take a break 잠깐 쉬다

아주 잘 걷네.

You're **walking well.**
넌　　걷고 있어　　　　잘

걸어가기 너무
멀어요.

It's too far to walk.
너무 멀어　　　　걷기에

*far 먼

그렇게 안 멀어.	**It's not that far.** 안 그렇게 멀어
거기 걸어가는데 5분밖에 안 걸려.	**It only takes five minutes to walk there.** 겨우 걸려 5분 걷는데 거기로 <div align="right">• It takes ~ to ... …하는데 시간이 ~ 걸리다</div>
엄마, 안아 줘요.	**Carry me, Mommy.** 데려 가 날 엄마<div align="right">• carry 데려 가다</div>
안 돼, 너 운동 해야지.	**No, you need exercise.** 안 돼 너 필요해 운동이
넌 아기가 아니잖아.	**You're not a baby.** 넌 아냐 아기가
계속 가.	**Keep on going.** 계속 해 가기를<div align="right">• keep on 계속 하다</div>
넌 할 수 있어.	**You can do it.** 너 있어 할 수 그걸
다리가 아파요.	**My legs are tired.** 내 다리가 피곤해

Let's cross the road.

차 조심해.

Watch out for cars.
조심해   차를

* watch out for ~을 조심하다

길 건너자.

Let's cross the road.
하자   건너기를   길

* cross 건너다

**길 건널 때는
조심해라.**

Be careful when crossing the street.
조심해라   때   건널   길을

**횡단보도 앞에서
기다리자.**

Let's wait in front of the crosswalk.
하자   기다리기를 앞에서   횡단보도의

* in front of ~ 앞에서 | crosswalk 횡단보도

빨간불이 켜져 있네.

The red light is on.
빨간   불이   켜졌다

**초록불이 켜질 때
까지 기다려야 해.**

We have to wait until the green light is on.
우린   돼   기다려야 까지   초록   불이   켜질 때

차들이 쌩쌩 달리네.

The cars are running fast.
차들이   달리고 있어   빨리

초록불 켜졌어요! 가요!

The green light is on! Let's go!

초록   불이   켜졌어   하자   가기를

기다려! 뛰어 나가면 안 돼.

Wait! You must not run out.

기다려   넌   절대   안 돼   뛰어 나가면

* run out 뛰어 나가다

너 차에 부딪히겠어!

You're gonna get hit!

너   겠어   치이

* get hit (차에) 치이다

양쪽을 잘 봐야 해.

You have to look carefully both ways.

넌   돼   봐야   주의해서   양쪽   길을

신호가 바뀌려고 하네.

Oh, the light is changing.

아   불이   바뀌고 있어

* (traffic) light 신호등

그냥 다음 신호를 기다리자.

Let's just wait for the next light.

하자   그냥   기다리기를   다음   신호

육교로 건너자.

Let's cross on the overpass.

하자   건너기를   위로   육교

* overpass 육교

지하도로 건너자.

Let's go through the underpass.

하자   가기를   통과해서   지하도를

* underpass 지하도

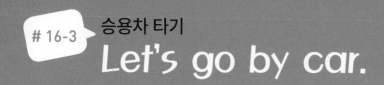

Let's go by car.

차 타고 가자.

Let's go by car.

하자　가기를　차로

• by car 차로

드라이브하러 가자.

Let's go for a drive.

하자　가기를　드라이브하러

• go for a drive 드라이브 가다

차 태워 줄게.

Let me give you a ride.

해 줘　내가　주게　널　태워

• give ~ a ride ~를 태워 주다

거기 차로 데려다 줄게.

Let me drive you there.

해 줘　내가　태워 주게　널　거기에

• drive 차로 데려다 주다

차에 타.

Get in the car.

타　차에

• get in ~에 타다

카시트에 앉아라.

Get in the car seat.

타　에　카시트

• car seat 자동차의 유아용 보조 의자

카시트에 앉기 싫어요.

I don't wanna sit in the car seat.

난 안　원해　앉기를 에　카시트

카시트에 앉아 가야
더 안전해.

It's safer to ride in the car seat.

더 안전해 타는 게 카시트에

앞자리에 앉고
싶어요.

I wanna ride in the front seat.

난 원해 타기를 앞 좌석에

• front 앞쪽, 앞부분

안 돼, 뒷자리로 가.

No, go to the backseat.

안 돼 가 으로 뒷좌석

• backseat 뒷자석, 뒷자리

안전벨트 해!

Buckle up!

안전벨트를 매

• buckle up 안전벨트를 매다

안전벨트 매야지.

Fasten your seatbelt.

매 네 안전벨트를

• fasten 매다, 채우다 I seatbelt 안전벨트

안전벨트 맸어?

Did you buckle up?

넌 안전벨트 맸니?

안전벨트 매는 거
도와주세요.

Help me buckle my seatbelt.

도와줘 내가 매는 걸 내 안전벨트를

안전벨트에 낑겼어요.
(저 꼈어요.)

I'm stuck.

난 움직일 수 없어요

• stuck 끼인, 움직일 수 없는

안전벨트가 너무 조여요.	**The seatbelt is too tight.**	
	안전벨트가　　　　너무　조여	• tight 꽉 조여 있는

출발해요!	**Let's go!**	
	하자　　가기를	

시동부터 켜야지.	**I have to start the car first.**	
	난 돼　　작동시켜야 차를　　먼저	• start (기계에) 시동을 걸다, 작동시키다

속도 좀 줄여요, 엄마.	**Slow down, Mommy.**	
	속도를 늦춰　　　엄마	• slow down 속도를 늦추다

속도 높여요.	**Speed up.**	
	속도를 높여	• speed up 속도를 높이다

안 돼, 안전 운전 해야지.	**No, I have to drive safely.**	
	안 돼　난 돼　　　운전해야　안전하게	• safely 안전하게

가만히 앉아 있어.	**Sit still.**	
	앉아　가만히	• still 가만히

똑바로 앉아야지.	**Sit on your bottom.**	
	앉아　엉덩이 대고	• on your bottom 바로 앉은

의자를 발로 차면
안 돼.

Don't kick the seat.

마 　　차지 　 의자를

• kick (발로) 차다

발로 차지 마.

Stop kicking.

멈춰 　　차기를

엄마한테 방해가
되잖아.

You're disturbing me.

넌 　　방해하고 있어 　　　나를

• disturb 방해하다

엄마 정신
없게 하지 마.

Don't distract me.

마 　　방해하지 　 나를

• distract (주의를) 산만하게 하다

창문 올려.

Roll up the window.

올려 　　창문을

• roll up (차창을) 올리다

손 내밀지 마.

Don't put your hand out.

마 　내지 　 네 　 손을 　 밖으로

• put ~ out ~을 내밀다

스마트폰 보면
안 돼.

Don't look at the smart phone.

마 　　보지 　 스마트폰을

눈 나빠져.

It's bad for your eyes.

그건 나빠 　 에 　 네 　 눈

낮잠 한숨 자.	**Take a nap.**
	자　　　낮잠을
	• take a nap 낮잠 자다

잠들면 안 돼.	**Stay awake.**
	있어　　깨어
	• awake 잠들지 않은, 깨어 있는

| 신선한 공기
마시고 싶어요. | **I want some fresh air.** |
| | 난 원해　　좀　　　신선한　　공기를 |

창문 조금만 열어 줄게.	**Let me open the window slightly.**
	해 줘　내가　열게　　창문을　　　　조금
	• slightly 약간, 조금

| 음악 듣고 싶어? | **Do you want to listen to music?** |
| | 넌　　원해?　듣기를　　　음악 |

| 음악 틀어 줄까? | **Do you want me to play some music?** |
| | 넌　　원해?　내가　틀기를　좀　　음악 |

| 내가 동요를 좀
틀어 줄게. | **I will play some children's song.** |
| | 난 거야　틀　좀　　동요를 |

의자 좀 젖혀 줄까?	**Do you want me to recline your seat?**
	넌　　원해?　내가　젖히기를　네　의자
	• recline (의자 등받이를) 젖히다

| 여기서 멀어요? | **Is it far from here?** |
| | 거기 멀어? 에서   여기 |

| 그렇게 안 멀어. | **It's not that far.** |
| | 거기   안   그렇게 멀어 |

| 거기까지 가는데
얼마나 걸려요? | **How long does it take to get there?** |
| | 얼마나   오래   걸려? 가는데   거기   • how long 얼마나 오래 |

| 오래 걸려. | **It takes a long time.** |
| | 걸려   오랜   시간이 |

| 곧 갈 거야. | **We'll be there in a minute.** |
| | 우린   있게 돼 거기에   곧 |

| 기름이 다
떨어져 가네. | **We're running out of gas.** |
| | 우린   모자라   기름이   • run out of ~가 모자란 ǀ gas 기름 |

| 주유소에 가자. | **Let's go to the gas station.** |
| | 하자   가기를 로 주유소   • gas station 주유소 |

| 기름 좀 채워야겠다. | **We need to fill up the car.** |
| | 우린   필요해   채우기가 차를   • fill up the car 차에 기름을 채우다 |

아직 멀었어요?	**Are we there yet?**
	안 있어? 우리 거기에 아직

* yet (부정문, 의문문에서) 아직 ~않다

거의 다 왔어.	**We're almost there.**
	우린 있어 거의 거기에

어디에 차를 세워야 될까?	**Where should I park the car?**
	어디에 될까? 내가 주차해야 차를

* park 주차하다

주차장에 차를 세우자.	**Let's park the car in the parking lot.**
	하자 주차하기를 차를 에 주차장

* parking lot 주차장

차 문 확 열지 마.	**Don't throw open the door.**
	마 확 열지 문을

* throw open (문을) 확 열다

차 문 쾅 닫지 마.	**Don't slam the door.**
	마 쾅 닫지 문을

* slam 쾅 닫다

문 열 때 옆 차에 부딪히게 하면 안 돼!	**Don't hit the car next you when you open the door!**
	마 치지 차를 옆에 너 때 너가 열 문을

The traffic is bad.

차가 많이 막히네.

The traffic is bad.
교통이　　　　　나빠

• traffic 교통(량)

도로가 차들로 꽉 찼어요.

The road is filled with cars.
길이　　　　가득해　　　차들로

• be filled with ~로 가득 차다

꼬리에 꼬리를 물었네.

It's bumper to bumper.
차가 꼬리를 물었네

• bumper to bumper 차가 꼬리를 문

교통 체증 때문에 갇혀 버렸어.

We're tied up in traffic.
우린　　묶였어　　　　교통에

• be tied up ~ 때문에 못 움직이다

러시아워를 피했어야 했는데.

We should have avoided the rush hour.
우린　피했어야 했어　　　　　러시아워를

• avoid 피하다
• rush hour 러시아워, 혼잡 시간대

봐요, 견인차들이 몰려와요.

Look, the tow trucks are rushing in.
봐　　　견인차들이　　　　　몰려들고 있어

• tow truck 견인차 | rush in 몰려들다

앞에 교통사고가 났나 봐.

There must be an accident up ahead.
틀림없이 있어　　　　　사고가　　　　저 앞에

• accident 사고

Let's take the subway.

지하철 타자.

Let's take the subway.
하자   타기를   지하철

* subway 지하철

2호선을 타야 해.

We should take the green line.
우린   돼   타야   2호선을

* line (지하철 등) 노선

**반포에는
몇 호선이 가지?**

Which line goes to Banpo?
어떤   노선이   가?   반포로

조심해. 뒤로 물러서.

Be careful. Step back.
조심해   움직여   뒤로

안전선 뒤에 서 있어.

Stand behind the safety line.
서   뒤에   안전선

* safety line 안전선

**사람들이 내릴
때까지 기다려.**

Wait until the people get off.
기다려   까지   사람들이   내릴 때

**자리가 꽉 찼어요.
(빈자리가 없어요.)**

All the seats are full.
모든   자리들이   가득 차 있어

빈자리가 저기 있네.

There's an empty seat over there.

있어 빈 자리가 저기에

* empty 빈

지하철 안에서는
돌아다니면 안 돼.

Don't move around in the subway.

마 돌아다니지 안에서 지하철

노선도를 봐.

Look at the subway map.

봐 지하철 노선도를

사당까지 역이
몇 개야?

How many stations are there to Sadang?

얼마나 많은 역들이 있어? 까지 사당

* station 역

몇 정거장 남았어?

How many stops are left?

얼마나 많은 정거장들이 남았어?

* stop (버스) 정류소, 정거장

두 정거장 더
가야 돼요.

We have two more stops left.

우린 있어 두 개 더 정거장이 남아

다음 정거장에서
내려야 돼.

Our stop is next.

우리 정거장은 다음이야

4호선으로
갈아타야 돼.

We need to transfer to the blue line.

우린 필요해 갈아타기가 으로 4호선

* transfer 갈아타다

Let's take the bus.

버스 타자.

Let's take the bus.

하자　　타기를　　버스

버스 정류장이
어디 있지?

Where is the bus stop?

어디에　　　있어? 버스 정류장이

저기요! 사람들이
줄을 서 있어요.

There! People are waiting in line.

저기야　　　사람들이　　　기다려　　　　줄을 서서　　　　*in line 줄을 선

버스 노선을
알아보자.

Let's check the bus route.

하자　　확인하기를　　버스 노선　　　　　　　　　* route 노선

몇 번 타야 해요?

What number do we have to take?

어떤　　번호를　　　　우리가　돼?　　타야

641번이나
461번 타야 돼.

We should take number 641 or 461.

우린　돼　　　타야　번을　　　641　또는　461

버스 온다.

Here comes the bus.

여기　　온다　　버스가

버스 타.

Get on the bus.
타 　　 버스에

넘어지지 않게 조심해.

Be careful not to fall over.
조심해 　　　 안 　 넘어지게 　　　　　　　　　　　　　• fall over 넘어지다

자리가 다 찼어요.

All the seats are taken.
모든 　 자리가 　　　 찼어

기둥을 꽉 잡아.

Hold on to the pole.
꼭 잡아 　　　 기둥을 　　　　　　　　• hold on to ~을 꼭 잡다, 붙잡다 | pole 기둥

시청에서 내려야 돼.

We should get off at City Hall.
우린 　 돼 　 내려야 　　 에서 시청 　　　• get off (버스 등에서) 내리다 | City Hall 시청

내리자.

Let's get off.
하자 　 내리기를

비슷해서 헷갈리는 영어, 미국 원어민처럼 말하기!
Fun vs Funny ♡ Shock vs Surprise

Fun vs Funny, 그리고 Shock vs Surprise!
이제부터는 헷갈리지 마세요!

쇼핑 영어표현

17 쇼핑

Shopping

17-1 무빙워크, 엘리베이터 타기
17-2 장보기
17-3 장난감 사달라고 조를 때

제발요!

Please!

YouTube

Sophia English

Let's take the elevator.

무빙워크 타자.	**Let's get on the moving walk.** 하자 타기를 위에 무빙워크 • moving walk 무빙워크
(무빙워크) 손잡이 잡지 마.	**Don't touch the hand rail.** 마 만지지 손잡이를 • hand rail 손잡이
(무빙워크) 손잡이가 더러워 보이네.	**The hand rail looks dirty.** 손잡이가 보여 더러워
엄마 손 잡아.	**Hold my hand.** 잡아 내 손을
발밑 조심해.	**Watch your step.** 조심해 네 걸음을
무빙워크에서 뛰지 마.	**Don't run on the moving walk.** 마 뛰지 위에서 무빙워크
가만히 서 있지 않으면 다칠 수 있어.	**Stand still or you can get hurt.** 서 가만히 아니면 넌 있어 다칠 수

엘리베이터 타자. **Let's take the elevator.**
하자 　 타기를 　 엘리베이터

왔어요. **Here it comes.**
여기 　 그게 와

타자. **Let's get on.**
하자 　 타기를

내가 버튼 누를래요. **Let me press the button.**
해 줘 　 내가 　 누르게 　 버튼을 　 • press 누르다

버튼 잘못 누르지 말고! **Don't press the wrong button!**
마 　 누르지 　 잘못된 　 버튼을 　 • wrong 틀린, 잘못된

지하 1층 버튼 눌러. **Press the first basement floor button.**
눌러 　 첫 번째 　 지하 　 층 　 버튼을 　 • basement 지하

문에서 떨어져 있어. **Stay away from the door.**
있어 　 떨어져 　 에서 　 문

이제 내려. **Get off now.**
내려 　 지금

What do you need to buy?

카트가 어디 있지?
Where are the shopping carts?
어디에 　　　 있어? 　쇼핑 카트가

구멍에 동전 넣어 봐.
Put the coin in the slot.
넣어 　동전을 　　　 안에 구멍
* slot (무엇을 집어넣도록 만든 가느다란) 구멍

내가 카트 빼 낼게.
Let me pull out the cart.
해 줘 　내가 　빼게 　　　 카트를
* pull out 빼 내다

카트에 앉혀 줄게.
Let me seat you on the cart.
해 줘 　내가 　앉히게 　널 　　　위에 카트
* seat 앉히다

뭐 사야 해요?
What do you need to buy?
뭘 　　　　　　당신은 　필요해 　　　사는 게

우선 장부터 봐야 해.
I need to do grocery shopping first.
나는 필요해 　　　하는 게 식료품 　　　구매를 　　　　　먼저
* grocery shopping 식료품 쇼핑

참치캔은 이 코너에 있을 거야.
Tuna cans might be in this section.
참치 　　　캔은 　　　거야 　　　있을 에 이 　　　코너
* section 지역, 구역

유제품은 어디 있을까?

Where could the dairy products be?

어디에 있을까? 유제품이

• dairy product 유제품

유통기한 좀 보자.

Let's check the expiration date.

하자 확인하기를 유통기한

• expiration date 유통기한

이 우유는 유통기한이 다 돼 가네.

This milk is close to the expiration date.

이 우유는 가까워 에 유통기한

• close to ~에 가까운

신선한 우유를 사야 해.

We have to buy fresh milk.

우린 돼 사야 신선한 우유를

이 달걀 한 팩 사자.

Let's get this carton of eggs.

하자 얻기를 이 팩 계란의

• carton (포장) 팩

채소는 어디 있지?

Where are the vegetables?

어디에 있어? 채소가

감자가 여기 있네.

Here are the potatoes.

여기 있어 감자가

이거 저울에 무게 달아야 해.

We should weigh these on the scale.

우린 돼 무게 재야 이걸 위에서 저울

• weigh 무게를 재다 | scale 저울

이거 카트에 넣어. **Put this in the cart.**

뒤 이걸 안에 카트

저 생선 눈 좀 봐. **Look at the eyes of the fish.**

봐 눈을 의 생선

정말 싱싱해 보인다. **They look really fresh.**

그것들은 보여 정말 싱싱해

소고기가 너무 비싸네. **Beef is too expensive.**

소고기가 너무 비싸

• beef 소고기 | expensive 비싼

소고기는 사지 말자. **Let's not buy the beef.**

말자 사지 소고기

돼지고기가 세일 중이네. **The pork is on sale.**

돼지고기가 세일해

* on sale은 '할인 판매 중인'이라는 뜻이고 for sale은 '판매 중인'이라는 의미에요. 혼동해서 쓰지 않도록 주의하세요.

돼지고기 시식하고 싶어요. **I wanna taste the pork.**

난 원해 맛보기를 돼지고기

이거 한번 먹어 봐. **Try this.**

먹어 봐 이거

이거 정말 싸게
사는 거야.

This is a real bargain.

이건   진짜   싼 거야

* bargain 아주 싼 물건

저녁에 돈가스
어때?

How about pork cutlets for dinner?

어때?   돈가스   으로   저녁

* cutlet 커틀릿(얇게 저민 고기를
굽거나 튀긴 요리)

너 좋아하는 과자
사러 가자.

Let's go buy some snacks you like.

하자   가서   사기를   좀   과자   네가   좋아하는

내가 고를래요.

I will choose by myself.

난 거야   고를   스스로

이거 너무 달지
않아?

Isn't this too sweet?

안   이거   너무   달아?

* sweet 달콤한, 단

단 건 이에 좋지
않아.

Sweets are bad for your teeth.

단 건   나빠   에   네   이

* sweets 단 것, 사탕

이거 비닐봉지에
담자.

Let's put these in the plastic bag.

담자   이것들을   안에   비닐봉지

* plastic bag 비닐봉지

* Paper or plastic?(종이요? 비닐봉지요?) 미국에 처음 온 유학생이 식료품점에서 계산할 때 이 말을 들으면 당황하는 경우
가 많아요. 이 말은 신용카드나 현금으로 계산할 거냐는 질문이 아니라 종이봉투, 비닐봉투 중 어떤 것을 원하냐는 질문이
에요. 그리고 Would you want the receipt with you, or in the bag? (영수증을 그냥 드릴까요, 아니면 물건과 함께 봉투
에 담아 드릴까요?)은 영수증을 그냥 주면 좋을지, 물건과 함께 봉투에 넣어줄지를 묻는 질문이죠.

장난감 사 달라고 조를 때

Mom, buy me a toy.

엄마, 나 장난감 사 주세요.	**Mom, buy me a toy.** 엄마　　사 줘　내게　장난감을
안 돼, 너 장난감 많잖아.	**No, you already have too many toys.** 아냐　넌　이미　　있어　너무　많은　　장난감들이
좋아. 딱 하나만 사자.	**All right. Let's buy just one.** 좋아　　　하자　사기를　딱　　하나
떼쓰지 않는다고 약속해.	**Promise me not to whine.** 약속해　　　내게　안　떼쓴다고 ° whine 징징대다
제발요!	**Please!** 부탁해요
이 장난감 정말 갖고 싶어요.	**I really want this toy.** 난 정말　　원해　이　장난감을
약속할게요.	**I promise.** 난 약속해

뭘 고를까?

What should I choose?

무얼　　　　돼?　　　내가 골라야

이거요.

I want this one.

난 원해　　　이것을

안 돼, 이건 너무 비싸.

No, this is too expensive.

안 돼　　이것을　　너무　　비싸

싫어요, 이거 할래요.

No, I want this one.

싫어　　난 원해　　　이것을

떼 안 쓴다고 약속했잖아.

You promised you wouldn't be demanding.

넌　　약속했어　　네가　　안　　　요구한다고　　　* demanding 요구가 많은

더 이상 징징거리지 마.

No more whining.

마　　더　　　징징대지　　　　　* no more 그 이상 ~하지 않다

그럼 이건요?

How about this one, then?

어때?　　　　이건　　　그럼

그래, 그건 좋네. 사도 돼.

Yeah, it's okay. You can buy this.

응　　　그건 좋아　　　넌　　있어　　살 수　　이거

자주 쓰는 영어표현

18 유용한 표현들

Useful Expressions

파이팅!

You Tube

Go for it!

Sophia English

Thank you so much.

그 남자분께
고맙다고 해야지.

Say thank you to him.
말해　　고맙다고　　　　에게 그

감사합니다.

I appreciate it.
저는 감사합니다

* appreciate ~을 감사하다

고마워요,
제가 신세 졌어요.

I owe you.
제가 신세 졌어요 당신에게

* owe 신세를 지고 있다

정말 고마워요.

Thank you so much.
고맙습니다　　　　아주　많이

괜찮아.

No problem.
안돼　문제가

* No problem.은 고마움이나 미안함을 나타내는 말에 대한 대답으로 '괜찮아'라는 뜻입니다.

내가 좋아서
한 건데.

My pleasure.
내　　기쁨이야

* pleasure 기쁨

별일도 아닌데 뭐.

It was not a big deal.
그건　　　아니었어　큰　　일이

* big deal 큰 일, 대단한 것

Do you *want me to help* you?

엄마! 도움이 필요해요.	**Mom! I need your help.**
	엄마　　　나 필요해　　　당신의　　도움이

내 도움이 필요하니?	**Do you want my help?**
	넌　　　원해?　　내　　도움을

너 좀 도와줄까?	**Do you want me to help you?**
	넌　　　원해?　　내가　　돕기를　　　널

도움이 좀 필요하신가요?	**Would you like some help?**
	당신은 원해?　　　　좀　　　도움을

제가 좀 도와줄까요?	**Would you like me to help you?**
	당신은 원해?　　　내가　돕기를　　당신을

도와줄게.	**Let me help you.**
	해 줘　내가　돕게　　널

그거 엄마가 할까?	**Would you like me to handle that?**
	넌 원해?　　　내가　다루기를　　　그걸	* handle 처리하다, 다루다

네, 도와주세요.	**Yes, please.**
	응 　　　　　제발

괜찮아요. 제가 알아서 할게요.	**It's fine. I'll take care of it.**
	괜찮아 　　　　난 돌볼 거야 　　　　그것을 　　　　* take care of ~을 돌보다, 신경을 쓰다

괜찮아요.	**I'm okay.**
	난 괜찮아

아뇨, 괜찮아요.	**No, thank you.**
	아니야 　고맙지만

아뇨, 이거 혼자 할 수 있어요.	**No, I can handle this by myself.**
	아니 　난 있어 　다룰 수 　이거 　나 혼자

내가 할 수 있어요.	**I can take care of this.**
	난 있어 　돌볼 수 　이것을

괜찮아요. 이거 혼자 할 수 있어요.	**I'm fine. I can do this by myself.**
	난 괜찮아 　난 있어 　할 수 　이것을 　나 혼자서

됐어요!	**It worked!**
	그게 됐어

* work는 '일하다'라는 뜻으로 많이 쓰이지만 원했던 것에 대해 효과가 나타났을 때 '됐다'라는 의미로도 쓸 수 있습니다.

부탁할 때
Can you do me a favor?

부탁 좀 들어 주실래요?

Can you do me a favor?
있어? 당신은 베풀 수 내게 호의를

• do ~ a favor ~의 부탁을 들어주다

부탁 좀 해도 돼요?

May I ask one thing?
될까? 내가 부탁해도 한 가지

지금 TV 봐도 돼요?

Is it okay to watch TV now?
괜찮아? 봐도 TV를 지금

그거 좀 꺼 주면 좋겠다.

I'd like you to turn that off.
난 바래 네가 끄기를 그걸

좀 도와주실래요?

Will you give me a hand?
당신은 줄래? 내게 도움을

• give ~ a hand ~를 돕다

널 도와줘서 내가 더 좋지.

I'd be glad to help you.
난 기쁘지 도와서 널

글쎄, 생각 좀 해 볼게.

Well, let me think about it.
글쎄 해 줘 내가 생각하게 대해 그것에

I believe in you.

너는 할 수 있어. **You can do this.**
년　　　　있어　　할 수　이거

못할 것 같아요. **I don't think so.**
난 안　　　생각해　　그렇게

이거 한 번만 더
해 보자. **Try this once more.**
해봐　　이걸　　한 번　　더

이건 하기
어려워요. **It's hard to do this.**
어려워　　　하기가　　이거

최선을 다해. **Do your best.**
해　　너의　　최선을
　　　　　　　　　　° do one's best 최선을 다하다

알았어요, 해 볼게요. **Okay, I'll try.**
좋아　　　내가 해 볼게

계속 해 보자. **Keep trying.**
계속　　　해 봐
　　　　　　　　　　° keep ~ing 계속해서 ~하다

널 믿어. (네가
잘할 거라고 믿어.)

I believe in you.

난 믿어   널

* believe는 '믿다'라는 뜻인데, I believe you.라고 하면 상대방의 말을 믿는다는 의미입니다. 상대방의 능력을 믿는다고 할 때는 I believe in you.와 같이 말해야 해요. '신을 믿다'와 같이 어떤 존재를 믿는다고 할 때도 believe in을 써서 I believe in God.와 같이 in을 넣어야 한다는 것을 기억하세요.

포기하지 말자꾸나.

Let's not give up.

하자   안   포기하기를   • give up 포기하다

파이팅!

Go for it!

파이팅

행운을 빌어!

Good luck!

좋은   운

힘내!

Come on!

힘내

힘내!

Cheer up!

기운 내   • cheer 환호하다, 응원하다

한번 시도해 보는
게 어때?

Why don't you give it a try?

어때?   네가   시도하는 게   • give it a try 시도하다

네가 이걸 할 수 있다는 걸 난 알아.	**I know you can do this.**
	난 알아　　네가　　있다는 걸 할 수 이걸

난 언제나 네 편이야.	**I will always be on your side.**
	난 거야　언제나　　　네 편일
	• on one's side ~의 편인

뒤에 내가 있잖아.	**I'm behind you.**
	난 있어　뒤에　　　　너
	• behind ~ 뒤에

내가 해냈어요!	**I made it!**
	내가 해냈다
	• make it (바라던 일을) 해내다, 성공하다

제가 생각했던 거보다 더 쉬워요.	**It's easier than I thought.**
	그건 더 쉬워　　　보다　　내가 생각했던 것

아무것도 아니었어요.	**Oh, it was nothing.**
	오　　그건 아무것도　아니었어
	• nothing 아무것도 (~ 아니다)

누워서 떡 먹기였어요.	**It was a piece of cake.**
	그건 식은 죽 먹기였어
	• a piece of cake 식은 죽 먹기

아깝다	**Almost!**
	거의 됐는데

(거의 다 됐었는데) 아깝다!	**It was close!**
	아슬아슬했어 · close 아슬아슬한

걱정하지 마.	**Don't worry.**
	마 걱정하지 · worry 걱정하다

걱정하지 마.	**No need to worry.**
	없어 필요가 걱정할

신경 쓸 거 없어.	**Never mind.**
	마 신경 쓰지 · mind 신경 쓰다

시도는 좋았어!	**Good try!**
	좋은 시도 · try 시도

* Good 대신 Nice를 써서 표현할 수 있어요.

괜찮아.	**It's OK.**
	괜찮아

이거 다음 번에 할게요.	**I will do this next time.**
	나 거야 할 이거 다음 번에

시무룩해 있지 마.	**Don't be down.**
	마 기운없게 있지 · down 기운이 없는, 의기소침한

두려워할 거 없어.

You don't have to be afraid.

넌   없어   필요가   두려워할

* don't have to ~할 필요 없다

내가 도와줄까?

Do you want me to help you?

넌   원해?   내가   돕기를   널

다음엔 더 잘할 거야.

You can do this better next time.

넌   있어   할 수   이걸   더 잘   다음   번에

틀리긴 했지만
괜찮아.

I'm afraid it's wrong, but it's okay.

난 생각해   그게 틀렸다고   하지만 괜찮아

* I'm afraid ~는 유감스러운 내용에 대해 말할 때 붙여서 말하는 표현으로 '(유감이지만) ~인 것 같다, ~이다'라는 뜻이에요.

곧 할 수 있게
될 거야.

You will be able to do it soon.

넌   거야   있을   할 수   그걸 곧

웃어 봐!

Smile!

웃어

* smile은 '(소리내지 않고) 웃다, 미소짓다'라는 뜻이며 '(소리내어) 웃다'는 laugh를 써서 말해요.

이제 기분
좋아졌어?

Do you feel better now?

너   느껴?   더 좋게   이제

사랑을 표현할 때
I love you so much.

정말 정말 사랑해.

I love you so much.
난 사랑해 　널 　아주 　많이

우리 아기, 정말
사랑스럽다.

You're so lovely, my baby.
넌 　　정말 사랑스러워 　내 　아기
* lovely 사랑스러운

너는 정말
소중하단다.

You're so precious.
넌 　　너무 소중해
* precious 소중한

넌 이 세상에서 제일
사랑스러운 아기야.

You're the cutest baby in the world.
넌 　　가장 귀여운 　아기야 　에서 세상

* '가장 ~한'이라는 뜻의 최상급 표현을 할 때는 the+ ~est 를 써서 the cutest(가장 귀여운), the smallest(가장 작은)처럼 표현해요.
만일 2음절 이상의 단어를 최상급으로 만든다면 the most ~를 붙여서 the most interesting(가장 흥미로운)처럼 써야 합니다.

벌써 다 컸네.

You are so grown-up already.
넌 　　아주 컸어 　　벌써
* grown-up 다 큰, 장성한

엄마 아기로 태어나
줘서 정말 고마워.

Thank you for being my baby.
고마워 　　대해 인 것에 　내 아기

엄마가 널 얼마나
사랑하는지 알아?

Do you know how much I love you?
넌 　아니? 　얼마나 많이 　내가 사랑하는지 널

얼마나 사랑하는데요?

How much do you love me?
얼마나 　많이 　　당신은 　사랑해? 　날

엄마 아빠 중에 누굴 더 사랑해?

Who do you love more? Mommy or Daddy?
누구를 　　년 　사랑해? 　더 　　엄마? 　　또는 아빠?

엄마랑 아빠랑 똑같이 사랑해요.

I love Mommy and Daddy the same.
난 사랑해 　엄마와 　　　　아빠를 　　똑같이 　　　　* the same 마찬가지의

우리 아기 없으면 엄만 못 살아.

I couldn't live without you, sweetie.
난 없을 거야 　　살 수 　없이 　　너 　예쁜아 　　　　* without ~없이

너 때문에 행복해.

You make me happy.
년 　　만들어 　날 　행복하게

엄마는 너랑 있을 때가 정말 행복해.

I am so happy when I am with you.
난 　　정말 행복해 　때 　　내가 있을 　함께 　너와

난 네가 웃을 때가 참 좋아.

I love it when you smile.
난 마음에 들어 　때 　　네가 　웃을

뽀뽀해 줘.

Give me a kiss.
줘 　　내게 　뽀뽀를

칭찬할 때
You are the best.

저 어때요?

How do I look?
어떻게   내가 보여?

정말 멋진데/예쁜데.

You look awesome/beautiful.
넌   보여   굉장하게/예쁘게   * awesome 굉장한

내 딸이 제일 예쁘다!

I have the prettiest daughter!
난 있어   가장   예쁜   딸이

어머, 우리 왕자님/
공주님 봐!

Look at you!
봐   너를

왕자님/공주님
같구나.

You look like a prince/princess.
넌   보여   처럼   왕자/공주   * look like ~처럼 보이다

이 원피스 입으니까
정말 예쁘다.

You look beautiful in this dress.
넌   보여   예쁘게   입으니 이   원피스

재킷이 예쁘네.

I love your jacket.
난 좋아   네   재킷이

| 이 모자 너에게 잘 어울려. | **This hat looks good on you.** |
| | 이   모자는   보여   좋게   에게   너   * look good on ~에게 잘 어울리다 |

| 잘했어! | **Good job!** |
| | 좋은   일 |

| 잘했어! | **Way to go!** |
| | 잘했어 |

| 멋지다! | **Wonderful!** |
| | 멋져 |

| 아주 잘했네. | **That's great.** |
| | 그거   아주 좋다 |

| 저 잘하고 있나요? | **Am I doing well?** |
| | 있어?   나 하고   잘 |

| 그럼. 정말 잘하고 있어. | **Sure. You're doing great.** |
| | 그럼   넌   하고 있어   아주 잘 |

| 아주 잘했다. | **You did a good job.** |
| | 넌   했어   좋은   일을 |

아유, 착해라.

Good boy/girl.

착한　　소년 / 소녀

네가 최고야.

You are the best.

넌　　최고야

• best 최고, 최상

해냈구나.

You did it.

넌　　했어　그걸

이야! 네가 해냈어!

Yay! You accomplished it!

야　　넌　　완수했어　　그걸

• accomplish 완수하다, 해내다

축하해!

Congratulations!

축하해

마침내 해냈구나.

You finally made it.

넌　　마침내　해냈어　그걸

• finally 마침내

이제 혼자서도
할 수 있네.

Now you can do it by yourself.

이제　넌　있어　할 수　그걸 너 혼자

네가 해낼 줄 알았어.

I knew you could do it.

난 알았어　네가　있다는 걸　할 수　그걸

상 줘야겠는데.

You should be rewarded.

넌　　　　돼　　　　상 받아야

• reward 상을 주다

칭찬받을 만하네.

You deserved to be praised.

넌　　　　가치가 있어　　　　칭찬받을

• deserve to ~을 받을 만하다 | praise 칭찬하다

아유, 장해라.

I'm proud of you.

난 자랑스러워　　　　네가

• be proud of ~ 을 자랑스러워하다

정말 똑똑하네.

You're so smart.

넌　　　　정말 똑똑해

• smart 똑똑한, 영리한

어떻게 그런 생각을 해냈지?

How did you come up with that idea?

어떻게　　　　넌　　　　떠올렸어?　　　　그 생각을

• come up with ~을 생각해 내다

천재인가 봐.

You must be a genius.

넌　　　　틀림없어　　천재임이

• genius 천재

춤 잘 추네.

You're good at dancing.

넌　　　　잘해　　　　춤추기를

• be good at ~ 을 잘하다

정말 다 컸네.

You've grown up so much.

넌　　　　성장했어　　　　아주　　많이

그래.	**Yes. / Yep. / Yup. / Yeah.**
	그래

계속 말해 봐.	**Go ahead.**
	가 앞서

* Go ahead.는 일상 회화에서 다양한 의미로 쓰이는 표현이에요. 상대방이 뭔가를 말하고 있었다면 '계속 말해.', '계속 해.'라는 의미로 쓸 수 있고 승낙의 의미로 '그렇게 해.'라고 할 때도 쓸 수 있어요.

알겠다.	**I see.**
	난 알겠어

알고 있어.	**I know.**
	난 알아

알겠어.	**I got it. / Got it.**
	난 이해했어 그걸

이해해.	**I understand.**
	난 이해해

그럴 것 같은데.	**I think so.**
	난 생각해 그렇게

물론이지.
물론이야

Sure. / Certainly. / Of course.

맞아.
난 동의해

I agree.

바로 그거야.
맞아

Exactly.

• exactly (맞장구치며)맞아, 바로 그거야

정말?
정말?

Really?

좋은 생각인데.
들려   좋게

Sounds great.

좋은 생각인데.
그거   좋은   생각이야

That's a good idea.

네 기분 알 것 같아.
난 이해해   어떻게   네가   느낄지

I understand how you would feel.

**네 말이 맞아.
(정말 그래.)**
넌   있어   말할 수   그걸   다시

You can say that again.

믿어지지 않을 때
Is that true?

너 나한테
거짓말하는 거니?

Are you lying to me?

있니?　너　　거짓말하고　에게　나

* lie 거짓말하다, 거짓말

지어낸 이야기
아니지?

You're not making this up, are you?

넌　　　안　　지어냈어　　이걸　　　그렇지?

* make up 지어내다

제가 왜 거짓말해요?

Why would I lie?

왜　　　　　　　　내가 거짓말해?

확실해?

Are you sure?

넌　　확실해?

그게 정말이야?

Is that true?

그게　　사실이야?

* true 사실인, 맞는

정말이야?

Are you serious?

넌　　진심이야?

* serious 진심인, 진지한

정말이에요.

I'm serious.

저는　　진심이에요

이게 뭐예요?	**What is this?** 뭐야? 이건

이것들은 뭐예요?	**What are these?** 뭐야? 이것들은

이것들은 새 신발이야.	**These are new shoes.** 이것들은 새 신발이야

저건 뭐 하는 거예요?	**What is that for?** 뭘 저건 위한 거야?

옷을 빠는 거야.	**That's for washing clothes.** 저건 위한 거야 빨기 옷을

경찰은 어떤 일을 해요?	**What does a policeman do?** 무얼 경찰은 해? * policeman 경찰

그들은 위험에 처한 사람들을 지켜주지.	**They protect people from danger.** 그들은 보호해 사람들을 에서 위험 * protect 보호하다 ǀ danger 위험

저 사람은 누구예요?	**Who is that man?**
	누구야? 저 사람은

이웃에 사는 분이야.	**He is our neighbor.**
	그는 우리의 이웃이야 *neighbor 이웃

언제 집에 가요?	**When are we going to go home?**
	언제 우린 갈 거야? 집에

금방 갈 거야.	**In a minute.**
	당장

내 장난감 어디 뒀어요?	**Where did you put my toys?**
	어디에 당신은 뒀어? 내 장난감을

네 장난감 상자에 있어.	**They are in your toy box.**
	그것들은 있어 안에 네 장난감 상자

이거 어떻게 해요?	**How do I do this?**
	어떻게 난 해? 이거

이거 어떻게 하는지 가르쳐 줘요.	**Tell me how I should do this.**
	말해 내게 어떻게 내가 되는지 해야 이거

난 왜 쌍꺼풀이 없어요?	# Why don't I have double eyelids? 왜　　안　　나는 있어?　　쌍꺼풀이

* eyelid 눈꺼풀

그건 네가 아빠를 안 닮고 엄마를 닮아서 그래.	# It's because you took after me, not Daddy. 때문이야　　네가　　닮았기　　날　　아니고 아빠가

* take after ~를 닮다

왜 나는 강아지를 못 키워요?	# Why can't I have a puppy? 왜　　없어?　　난 가질 수　　강아지를

네가 강아지 알레르기가 있거든.	# You're allergic to puppies. 넌　　알레르기가 있어　　에　　강아지

* allergic to ~에 알레르기가 있는

왜 내가 이걸 해야 돼요?	# Why do I have to do this? 왜　　난 돼?　　해야 이거

싫어도 해야 하는 일이니까.	# Even if you don't want to do it, you still have to. 비록　　네가　　안　　원해도　　하기를　　그것 너는　　여전히 해야 해

* even if 비록 ~일지라도

장난하는 거지?	# You're kidding me. 넌　　놀리고 있어　　날

* kid 놀리다, 속이다

장난 아녜요.	# This is no joke. 이건　　아냐　　장난이

* joke 농담, 장난

유튜브 스타 ▶ 소피아와 엠버의 미국영어

1판 1쇄 인쇄　2018년 07월 09일
1판 1쇄 발행　2018년 07월 14일

공　　　저　소피아 · 엠버 백정미

펴　낸　이　임형경
펴　낸　곳　라즈베리
마　케　팅　김민석
디　자　인　홍수미
편　　　집　박숙희

등　　　록　제210-92-25559호
주　　　소　(우 132-873) 서울 도봉구 해등로 286-5, 101-905
대 표 전 화　02-955-2165
팩　　　스　0504-088-9913
홈 페 이 지　www.raspberrybooks.co.kr
블　로　그　http://blog.naver.com/donmo72
카　　　페　http://cafe.naver.com/raspberrybooks

I S B N　979-11-87152-18-7 (13740)